U0900172

中国科学院统计年鉴

STATISTICAL YEARBOOK OF CHINESE ACADEMY OF SCIENCES

2006

中国科学院综合计划局 编

Bureau of Comprehensive Planning
Chinese Academy of Sciences

科学出版社

北 京

Science Press, Beijing

中国科学院统计年鉴
STATISTICAL YEARBOOK OF
CHINESE ACADEMY OF SCIENCES
2006

中国科学院综合计划局 编

科学出版社 出版
北京东黄城根北街 16 号
邮政编码: 100717
http://www.sciencep.com

中国科学院印刷厂 印刷

科学出版社出版发行

*

2006 年 12 月第 一 版　　开本: 787×1092 1/16
2006 年 12 月第一次印刷　　印张: 20 1/2
印数: 1–700　　字数: 434 000

ISBN 7-03-018188-3

定价: 95.00 元

(如有印装质量问题，我社负责调换〈科印〉)

《中国科学院统计年鉴》(2006)
编委会和编辑人员

一、编委会

主　　编：李志刚

副 主 编：吕永龙

编辑委员（以姓氏笔画为序）：

邓麦村　史美奇　吕永龙　刘学英　李志刚

邱举良　沈　华　沈幸华　沈保根　张树春

赵永仁　赵　勤　黄海霞　戚　强

二、编辑部工作人员

总 编 辑：吕永龙

副总编辑：刘学英

责任编辑：李　宏　崔胜先

编辑人员（以姓氏笔画为序）：

王　心　王玲俐　王振宇　石　磊　刘学英

刘继昱　刘筱敏　李　宏　李猛力　杨兴宪

杨　鹏　张　洁　陈　东　金建辉　周建军

周　鼐　赵国华　钱莹洁　高继承　黄慧靖

崔胜先　谭昌利　潘成利

英文翻译和审校：赵永仁

Members of the Editorial Committee and Editorial Office of the *Statistical Yearbook of Chinese Academy of Sciences*

Editorial Committee

Chief Editor: Li Zhigang

Deputy Chief Editor: Lü Yonglong

Members (according to the order of Chinese alphabet) :

Deng Maicun,	Shi Meiqi,	Lü Yonglong,	Liu Xueying,
Li Zhigang,	Qiu Juliang,	Shen Hua,	Shen Xinghua,
Shen Baogen,	Zhang Shuchun,	Zhao Yongren,	Zhao Qin,
Huang Haixia,	Qi Qiang		

Editorial Office

Chief: Lü Yonglong

Deputy Chief: Liu Xueying

Coordinators: Li Hong, Cui Shengxian

Members (according to the order of Chinese alphabet):

Wang Xin,	Wang Lingli,	Wang Zhenyu,	Shi Lei,
Liu Xueying,	Liu Jiyu,	Liu Xiaomin,	Li Hong,
Li Mengli,	Yang Xingxian,	Yang Peng,	Zhang Jie,
Chen Dong,	Jin Jianhui,	Zhou Jianjun,	Zhou Nai,
Zhao Guohua,	Qian Yingjie,	Gao Jicheng,	Huang Huijing,
Cui Shengxian,	Tan Changli,	Pan Chengli	

English Translation: Zhao Yongren

编 者 说 明

一、《中国科学院统计年鉴》(2006)是一部全面反映中国科学院科技工作和各项事业发展的资料性年刊。本年鉴收录了全院及院属各单位2005年的统计数据以及历年全院主要统计数据。

二、本年鉴内容分为13个部分，即学部，机构，人员，经费，基本建设，科技活动，人才培养与引进，专利、科技论文、获奖成果，院、所投资企业开发经营活动，院、地合作，国际合作及与港、澳、台地区交流，文献情报、图书出版，附录。主要统计指标解释附在各部分后面。

三、本年鉴资料来源于综合、业务及其他管理部门年度统计报表。

四、本年鉴部分数据合计数由于单位取舍不同产生的计算误差均未做机械调整。

五、本年鉴各部分中的“按学科分”汇总数据，均指按机构所属学科分，个别情况已另加“注”说明。

六、本年鉴由中国科学院综合计划局会同院机关有关部门及相关单位共同完成。在编辑出版过程中，编辑部得到了各方面的支持和帮助，在此一并致谢。

EDITOR'S NOTES

1. The *Statistical Yearbook of the Chinese Academy of Sciences*, 2006 is an informational almanac which gives an overall description of every major aspect related to CAS's scientific and technological (S&T) activities and its development. It contains statistical data of institutions and organizations of the CAS in 2005 as well as its important statistical information in the past years.

2. The Yearbook consists of the following 13 parts: academic divisions; organizations; personnel; funds; capital construction; S&T activities; talent training and recruitment; patents,S&T papers and award-winning achievements; business activities of CAS and its institution invested enterprises; CAS and locality cooperation; international cooperation, and exchange with Hong Kong, Macao and Taiwan regions; documentation, information and publication; Appendix. Explanatory notes on key indicators are attached at the end of each part.

3. Data contained in the Yearbook are selected from the annual statistical reports of various professional and management departments of the Head Office of the CAS.

4. Details may not add to the total in some statistical tables due to rounding. No manual adjustment is made.

5. The definition "By field" in some statistical tables refers to the classification of research fields which the institutes mainly deal with, some special cases have attached notes.

6. The Yearbook is completed by the Bureau of Comprehensive Planning of the CAS in cooperation with the relevant departments of CAS Head Office and concerned institutions. The Editorial Committee extends its gratitude to all those who have rendered their valuable support and assistance during the preparation of this Yearbook.

目　录
CONTENTS

一、学　部
ACADEMIC DIVISIONS

1-1 历届当选的中国科学院院士(学部委员)人数按学部分布

CAS Members, by Academic Division and Year of Election

单位: 人 (person)

年份 Year	合计 Total	数学物理学部 Division of Mathematics and Physics	化学部 Division of Chemistry	生命科学和医学学部 Division of Life Sciences and Medical Sciences	地学部 Division of Earth Sciences	信息技术科学部 Division of Information Technological Sciences	技术科学部 Division of Technological Sciences
总 计 Total	**1079**	**192**	**176**	**233**	**192**	**6**	**280**
1955	172	30	22	60	24		36
1957	18	6	2	5	3		2
1980	283	51	51	53	64		64
1991	210	38	35	34	35		68
1993	59	10	10	11	10		18
1995	59	10	9	12	10		18
1997	58	9	10	12	10		17
1999	55	10	8	11	10		16
2001	56	10	10	12	9		15
2003	58	10	10	11	10		17
2005	51	8	9	12	7	6	9

1-2 现有院士人数按学部分布(2005年)

Present CAS Members, by Academic Division: 2005

单位：人 (person)

	合计 Total	数学物理学部 Division of Mathematics and Physics	化学部 Division of Chemistry	生命科学和医学学部 Division of Life Sciences and Medical Sciences	地学部 Division of Earth Sciences	信息技术科学部 Division of Information Technological Sciences	技术科学部 Division of Technological Sciences
总 计 Total	**706**	**130**	**125**	**126**	**119**	**81**	**125**
其中：女性 Of which: Female	42	7	10	13	5	3	4
中国科学院 CAS	286	64	51	63	55	30	23
高等院校 Institutions of higher learning	283	47	59	48	32	35	62
其他单位 Other institutions	137	19	15	15	32	16	40

注：1.另有44位中国科学院外籍院士。

Note: In addition, CAS has 44 foreign members.

2. 2004年6月，生物学部更名为生命科学和医学学部，技术科学部划分为信息技术科学部、技术科学部。

In June 2004, Division of Biological Sciences changed its name as Division of Life Sciences and Medical Sciences, Division of Technological Sciences was divided into Division of Information Technology and Division of Technological Sciences.

1-3 中国科学院院士年龄情况(2005年)

Age Distribution of CAS Members: 2005

单位：人 (person)

	合计 Total	40~49岁	50~59岁	60~69岁	70~79岁	80~89岁	90岁以上
总 计 Total	**706**	**22**	**45**	**171**	**285**	**137**	**46**
数学物理学部 Division of Mathematics and Physics	130	2	7	45	50	19	7
化学部 Division of Chemistry	125	7	14	17	40	37	10
生命科学和医学学部 Division of Life Sciences and Medical Sciences	126	7	13	22	53	22	9
地学部 Division of Earth Sciences	119	1	5	32	51	21	9
信息技术科学部 Division of Information Technological Sciences	81	3	1	25	37	10	5
技术科学部 Division of Technological Sciences	125	2	5	30	54	28	6

1-4 中国科学院学部咨询报告

Consultation Reports Submitted by CAS Academic Divisions

年 份 Year	咨询报告和院士建议 Consultation Reports and Suggestions (篇) (Article)	学术和科普报告会 Academic and Popular Science Meetings (场) (Time)
2000	29	16
2001	8	12
2002	21	27
2003	39	25
2004	49	93
2005	17	91

注：学部咨询报告和院士建议是根据国家需求，由学部组织或院士个人对国家重大科学技术问题提出的咨询意见和建议。

Note: The consultation reports and suggestions submitted by CAS Academic Divisions in accordance with the nation's demands. All these consultation reports and suggestions, organized by CAS Academic Divisions or submitted by individule members of the Chinese Academy of Sciences, are on the national major science and technology issues.

二、机 构

ORGANIZATIONS

2-1 院直属单位发展情况
Development of Units Directly under CAS

单位: 个 (unit)

年 份 Year	院属事业单位 Institutions directly under CAS	科研机构 Research units	院直接投资的控股企业 CAS invested holding enterprises
1949	25	22	
1952	26	31	
1957	97	67	
1962	117	99	
1966	135	106	
1975	80	63	
1980	156	117	
1985	157	122	
1990	159	123	
1994	159	123	5
1995	161	124	5
1996	158	123	8
1997	157	123	10
1998	155	121	10
1999	149	115	8
2000	145	112	8
2001	120	94	18
2002	112	85	23
2003	116	89	23
2004	116	89	21
2005	115	90	21

2-2 院直属事业单位(2005 年)

Institutions Directly under CAS: 2005

序号 No.	单位名称 Unit	序号 No.	单位名称 Unit
	合计: 115 个 **Total: 115 units**	13	地理科学与资源研究所 Inst. of Geographic Sciences and Natural Resources Research
	北京市: 45 个 Beijing: 45 units	14	青藏高原研究所 Inst. of Qinghai-Tibet Plateau
1	数学与系统科学研究院 Academy of Mathematics & Systems Science	15	地质与地球物理研究所 Inst. of Geology and Geophysics
2	物理研究所 Inst. of Physics	16	古脊椎动物与古人类研究所 Inst. of Vertebrate Paleontology and Paleoanthropology
3	声学研究所 Inst. of Acoustics	17	大气物理研究所 Inst. of Atmospheric Physics
4	理论物理研究所 Inst. of Theoretical Physics	18	遥感应用研究所 Inst. of Remote Sensing Application
5	理化技术研究所 Technical Inst. of Physics and Chemistry	19	植物研究所 Inst. of Botany
6	高能物理研究所 Inst. of High Energy Physics	20	动物研究所 Inst. of Zoology
7	国家天文台 National Astronomical Observatories of China	21	心理研究所 Inst. of Psychology
8	力学研究所 Inst. of Mechanics	22	微生物研究所 Inst. of Microbiology
9	化学研究所 Inst. of Chemistry	23	生物物理研究所 Inst. of Biophysics
10	生态环境研究中心 Research Center for Eco-Environmental Sciences	24	遗传与发育生物学研究所 Inst. of Genetics and Developmental Biology
11	国家纳米科学中心 National Center for Nano Science and Technology of China	25	北京基因组研究所 Beijing Genomics Inst.
12	过程工程研究所 Inst. of Process Engineering	26	计算技术研究所 Inst. of Computing Technology

续表 2-2

序号 No.	单 位 名 称 Unit	序号 No.	单 位 名 称 Unit
27	计算机网络信息中心 Computer Network Information Center	43	中国科学院文献情报中心 Library of Chinese Academy of Sciences
28	软件研究所 Inst. of Software	44	科学时报社 Science Times
29	半导体研究所 Inst. of Semiconductors	45	科学出版社 Science Press
30	微电子研究所 Inst. of Microelectronics		山西省: 1 个 Shanxi Province: 1 unit
31	电子学研究所 Inst. of Electronics	46	山西煤炭化学研究所 Shanxi Inst. of Coal Chemistry
32	光电研究院 Institutes of Optoelectronics		辽宁省: 5 个 Liaoning Province: 5 units
33	电工研究所 Inst. of Electric Engineering	47	大连化学物理研究所 Dalian Inst. of Chemical Physics
34	工程热物理研究所 Inst. of Engineering Thermophysics	48	沈阳应用生态研究所 Shenyang Inst. of Applied Ecology
35	空间科学与应用研究中心 Center for Space Science and Applied Research	49	沈阳自动化研究所 Shenyang Inst. of Automation
36	自动化研究所 Inst. of Automation	50	金属研究所 Inst. of Metals Research
37	中国遥感卫星地面站 China Remote Sensing Satellite Ground Station	51	沈阳分院 Shenyang Branch
38	自然科学史研究所 Inst. of History of Natural Sciences		吉林省: 4 个 Jilin Province: 4 units
39	科技政策与管理科学研究所 Inst. of Policy and Management	52	长春应用化学研究所 Changchun Inst. of Applied Chemistry
40	中国科学院机关 CAS Head Office	53	东北地理与农业生态研究所 Northeast Inst. of Geography and Agricultural Ecology
41	行政管理局 Bureau of Administration and Logistics	54	长春光学精密机械与物理研究所 Changchun Inst. of Optics, Fine Mechanics and Physics
42	中国科学院研究生院 Graduate School of the Chinese Academy of Sciences	55	长春分院 Changchun Branch

续表 2-2

序号 No.	单 位 名 称 Unit	序号 No.	单 位 名 称 Unit
	上海市: 10 个 Shanghai: 10 units	70	南京分院 Nanjing Branch
56	上海应用物理研究所 Shanghai Inst. of Applied Physics		安徽省: 2 个 Anhui Province: 2 units
57	上海天文台 Shanghai Observatory	71	合肥物质科学研究院 Hefei Institutes of Physical Sciences
58	上海硅酸盐研究所 Shanghai Inst. of Ceramics	72	中国科学技术大学 University of Science and Technology of China
59	上海有机化学研究所 Shanghai Inst. of Organic Chemistry		福建省: 1 个 Fujian Province: 1 unit
60	上海生命科学研究院 Shanghai Institutes for Biological Sciences	73	福建物质结构研究所 Fujian Inst. of Research on the Structure of Matter
61	上海微系统与信息技术研究所 Shanghai Inst. of Microsystem and Information Technology		江西省: 1 个 Jiangxi Province: 1 unit
62	上海光学精密机械研究所 Shanghai Inst. of Optics and Fine Mechanics	74	庐山疗养院 Lushan Sanatorium
63	上海技术物理研究所 Shanghai Inst. of Technical Physics		山东省: 2 个 Shandong Province: 2 units
64	上海药物研究所 Shanghai Inst. of Materia Medica	75	海洋研究所 Inst. of Oceanology
65	上海分院 Shanghai Branch	76	青岛疗养院 Qingdao Sanatorium
	江苏省: 5 个 Jiangsu Province: 5 units		湖北省: 8 个 Hubei Province: 8 units
66	紫金山天文台 Purple Mountain Observatory	77	武汉物理与数学研究所 Wuhan Inst. of Physics and Mathematics
67	南京地理与湖泊研究所 Nanjing Inst. of Geography and Limnology	78	武汉岩土力学研究所 Wuhan Inst. of Rock and Soil Mechanics
68	南京地质古生物研究所 Nanjing Inst. of Geology and Palaeontology	79	测量与地球物理研究所 Inst. of Geodesy and Geophysics
69	南京土壤研究所 Nanjing Inst. of Soil Science	80	武汉植物园 Wuhan Botanical Garden

续表 2-2

序号 No.	单位名称 Unit	序号 No.	单位名称 Unit
81	水生生物研究所 Inst. of Hydrobiology	93	光电技术研究所 Inst. of Optics and Electronics
82	武汉病毒研究所 Wuhan Inst. of Virology	94	成都文献情报中心 Chengdu Documentation and Information Center
83	武汉文献情报中心 Wuhan Documentation and Information Center	95	成都分院 Chengdu Branch
84	武汉分院 Wuhan Branch		贵州省: 1 个 Guizhou Province: 1 unit
	湖南省:1 个 Hunan Province:1 unit	96	地球化学研究所 Inst. of Geochemistry
85	亚热带农业生态研究所 Inst. of Subtropical Agriculture		云南省: 4 个 Yunnan Province: 4 units
	广东省: 5 个 Guangdong Province: 5 units	97	昆明植物研究所 Kunming Inst. of Botany
86	广州地球化学研究所 Guangzhou Inst. of Geochemistry	98	西双版纳热带植物园 Xishuangbanna Tropical Botanical Garden
87	南海海洋研究所 South China Sea Inst. of Oceanology	99	昆明动物研究所 Kunming Inst. of Zoology
88	华南植物园 South China Botanical Garden	100	昆明分院 Kunming Branch
89	广州能源研究所 Guangzhou Inst. of Energy Conversion		陕西省: 4 个 Shaanxi Province: 4 units
90	广州分院 Guangzhou Branch	101	国家授时中心 National Time Service Center
	四川省: 5 个 Sichuan Province: 5 units	102	西安光学精密机械研究所 Xi'an Inst. of Optics and Precision Mechanics
91	成都山地灾害与环境研究所 Chengdu Inst. of Mountain Hazards and Environment	103	地球环境研究所 Inst. of Earth Environment
92	成都生物研究所 Chengdu Inst. of Biology	104	西安分院 Xi'an Branch

续表 2-2

序号 No.	单位名称 Unit
	甘肃省: 6 个 Gansu Province: 6 units
105	近代物理研究所 Inst. of Modern Physics
106	兰州化学物理研究所 Lanzhou Inst. of Chemical Physics
107	寒区旱区环境与工程研究所 Cold and Arid Regions Environmental and Engineering Research Inst.
108	兰州地质研究所 Lanzhou Inst. of Geology
109	资源环境科学信息中心 Scientific Information Center for Resources and Environment
110	兰州分院 Lanzhou Branch
	青海省: 2 个 Qinghai Province: 2 units
111	青海盐湖研究所 Qinghai Inst. of Saline Lakes
112	西北高原生物研究所 Northwest Inst. of Plateau Biology
	新疆维吾尔自治区: 3 个 Xinjiang Uygur Autonomous Region: 3 units
113	新疆理化技术研究所 Xinjiang Technical Inst. of Physics and Chemistry
114	新疆生态与地理研究所 Xinjiang Inst. of Ecology and Geography
115	新疆分院 Xinjiang Branch

注: Inst.—Institute. R&D—Research and Development.

机构变动说明:

1. 2005 年，经中编办批准管理干部学院并入研究生院。
2. 2005 年，经中编办批准合肥智能机械研究所并入合肥物质科学研究院。
3. 2005 年，上海药物研究所由上海生命科学研究院的下属单位，转为院直属事业单位。

Explanation of organization changes:

1. Beijing Institute of Management merged into the Graduate school of the Chinese Academy of Sciences,approved by the central government related office in 2005.
2. Hefei Institute of Intelligent Machines merged into the Hefei Institutes of physical Sciences,approved by the central government related office in 2005.
3. Shanghai Institute of Materia Medica, affiliated to the Shanghai Institutes for Biological Sciences, turned to be an institution directly under CAS in 2005.

2-3　院直接投资的控股企业(2005 年)
CAS Invested Holding Enterprises: 2005

序号 No.	单 位 名 称 Unit
	合计: 21 个 **Total: 21 units**
	北京市: 13 个 Beijing: 13 units
1	中国科学院国有资产经营有限责任公司 CAS Holdings Co., Ltd.
2	中科实业集团(控股)公司 China Sciences Holdings Co.
3	联想控股有限公司 Legend Holdings Co., Ltd.
4	东方科学仪器进出口集团有限公司 Oriental Scientific Instrument Import & Export Group Co., Ltd.
5	中国科技产业投资管理有限公司 China S&T Industry Investment Management Co., Ltd.
6	华建电子有限责任公司 Huajian Electronics Co., Ltd.
7	国科光电科技有限责任公司 Guoke Photoelectric Science and Technology Co., Ltd.
8	北京中科院软件中心有限公司 CAS Beijing Software Co., Ltd.
9	中科建筑设计研究院有限责任公司 CAS Architectural Design Institute Co., Ltd.
10	北京中科资源有限公司 CAS Beijing Resources Co., Ltd.
11	北京中科印刷有限责任公司 CAS Beijing Printing Co., Ltd.
12	中科院科技服务有限公司 CAS S&T Service Co.,Ltd.
13	中国科学出版集团有限责任公司 China Science Press Group Co,. Ltd.
	辽宁省:2 个 Liaoning Province : 2 Units
14	中国科学院沈阳计算技术研究所有限公司 CAS Shenyang Computing Technology Co., Ltd.

续表 2-3

序号 No.	单 位 名 称 Unit
15	中国科学院沈阳科学仪器研制中心有限公司 CAS Shenyang Scientific Instrument Development Co., Ltd.
	江苏省:1 个 Jiangsu Province: 1 Unit
16	南京中科天文仪器有限公司 CAS Nanjing Astronomic Instrument Co., Ltd.
	四川省:3 个 Sichuan Province: 3 Units
17	中国科学院成都有机化学有限公司 CAS Chengdu Organic Chemistry Co., Ltd.
18	中科院成都信息技术有限公司 CAS Chengdu Information Technology Co., Ltd.
19	成都中科唯实仪器有限责任公司 CAS Chengdu Weishi Instrument Co., Ltd.
	广东省: 2 个 Guangdong Province: 2 units
20	中科院广州化学有限公司 CAS Guangzhou Chemistry Co., Ltd.
21	中科院广州电子技术有限公司 CAS Guangzhou Electronics Technology Co., Ltd.

主要统计指标解释

1. 院直属单位

院直属单位指经国家正式批准的院直属独立核算单位。独立核算单位的条件是：行政上是具有独立法人资格的单位；财务上独立核算盈亏，独立编制资金平衡表或财务预算、决算表；有权与其他单位签订合同。

2. 事业单位

事业单位指以社会公益为目的，利用国有资产从事科研、服务、教育等活动的院直属具有法人资格的组织。

3. 企业单位

企业单位指院直属从事商品生产、流通、经营和服务性经济活动，以营利为目的并在工商行政管理部门登记的独立核算单位。

Explanatory Notes on Key Indicators

1. Units directly under CAS

This refers to the independent accounting units directly under the jurisdiction of the CAS, which are established on the formal approval of the State. Independent accounting units should enjoy corporate status, assume sole responsibility for their profits or losses, compile independently their financial balance sheets or financial budgets and final accounts, have the right to sign contracts with other organizations and establish their own bank accounts.

2. Institutions

This refers to those units of corporate capacity under CAS, with an aim at improving the social welfare, to utilize the state-owned assets and resources to engage in activities such as scientific research, services, education, etc.

3. Enterprises

This refers to CAS independent accounting units, which are engaged in the commodity production, circulation and business activities as well as service activities with the aim of making profit and are registered in industrial and commercial administrative departments.

三、人 员

PERSONNEL

3-1 正式职工分类情况

Classification of CAS Regular Staff

单位：人 (person)

年份 Year	总计 Total	其中：女性 Of which: Female	干部 Cadres 合计 Total	专业技术人员 Professional and technical staff 小计 Subtotal	高级 Senior	中级 Middle level	初级及未定 Junior and others	行政管理人员 Administrative staff	工人 Workers
1949	575		416	345	122	112	82	71	159
1950	1063		789	562	165	206	141	227	274
1951	1494		1105	811	220	290	228	294	389
1952	5239		3014	1967	351	405	754	1047	2225
1953	7262		4382	2776	391	470	1309	1606	2880
1954	7043		4745	3296	413	493	1560	1449	2298
1955	7978		5817	4152	488	536	1953	1665	2161
1956	14209		11336	8476	731	815	3735	2860	2873
1957	17294		13347	10566	753	931	4750	2781	3947
1958	34049		21558	14979	752	938	5770	6579	12491
1959	45769		32421	20022	680	847	7103	12399	13348
1960	57976		37505	23898	736	1137	9316	13607	20471
1961	40957		28586	19128	590	1219	9794	9458	12371
1962	42143		32285	23179	623	2113	13198	9106	9858
1963	46198		35355	25264	640	2354	14866	10091	10843
1964	52775		39969	28822	696	2719	16634	11147	12806
1965	60258		44341	30835	688	2874	18375	13506	15917
1966	61681		44900	31109	693	2973	18644	13791	16781
1973	35157		24911	16407	414	1768	11289	8504	10246
1974	36635		25944	17242	408	1764	11907	8702	10691
1975	48716		33134	20749	505	1874	14675	12385	15582
1976	51824		34736	19915	429	1903	15496	14821	17088
1977	54756		36811	20592	413	1894	17357	16219	17945
1978	79755		52045	38189	1261	10380	19253	13856	27710
1979	83488	28544	55076	43058	2238	21411	19409	12018	28412
1980	84497	28897	55813	44098	2737	22795	18566	11715	28684
1981	76644	26319	50026	40239	2724	22016	15499	9787	26618
1982	78109	26728	52092	42931	3076	25267	14588	9161	26017
1983	78439	26786	52610	44295	3283	26014	14998	8315	25829

续表 3-1

年份 Year	总计 Total	其中: 女性 Of which: Female	干部 Cadres							工人 Workers
			合计 Total	专业技术人员 Professional and technical staff					行政管理人员 Administrative staff	
				小计 Subtotal	高级 Senior	中级 Middle level	初级及未定 Junior and others			
1984	80792	27615	54099	44850	3204	25526	16120		9249	26693
1985	81501	27946	55201	46056	3491	25194	17371		9145	26300
1986	82326	28484	57363	49865	8358	22716	18791		7498	24963
1987	82721	28624	59667	52628	10638	23138	18852		7039	23054
1988	83969	29248	62328	55910	12010	24413	19487		6418	21641
1989	84287	29157	63499	57550	13280	24328	19942		5949	20788
1990	84848	29031	64554	59028	14574	25043	19411		5526	20294
1991	84909	29088	65179	59800	14810	24621	20369		5379	19730
1992	83909	28638	64592	59387	15612	24714	19061		5205	19317
1993	81456	27645	62930	57878	16735	24468	16675		5052	18526
1994	78295	26462	60443	55565	17267	23649	14649		4878	17852
1995	75039	25314	58021	52992	17774	22446	12772		5029	17018
1996	71763	24224	55523	47789	16712	19842	11235		7734	16240
1997	68292	23073	52721	45124	16618	18397	10109		7597	15571
1998	65003	21980	49983	42693	16031	17169	9493		7290	15020
1999	61681	20612	47264	40175	15031	15992	9152		7089	14417
2000	58683	19472	44991	38319	14542	15135	8642		6672	13692
2001	54972	18027	42601	36343	14091	13991	8261		6258	12371
2002	45561	14859	35973	30596	13081	11429	6086		5377	9588
2003	43760	14250	34673	29387	12736	10771	5880		5286	9087
2004	43162	13918	34611	29474	13058	10852	5564		5137	8551
2005	43140	13770	34923	29932	13119	11180	5633		4991	8217

注: 1. 1949~1978 年专业技术人员中，高级、中级、初级仅包括科研人员和高校教学人员，因此专业技术人员小计>高级+中级+初级。

Note: The data of senior, middle level and junior in the category of professional and technical staff from 1949 to 1978 only include research and technical people and teaching staff in the universities. Therefore, the total of professional and technical staff is more than the total of the senior, middle level and junior.

2. 1967~1972 年全院职工分类无统计数据。女性职工 1949~1978 年无统计数据。

The statistical data for female staff from 1949 to 1978 and that for the total CAS staff from 1967 to 1972 are not available.

3. 自 2002 年起，正式职工人数的统计范围仅指院属事业单位正式职工。

Since 2002, the number of regular staff only refers to all the regular staff of CAS institutions.

3-2 事业单位正式职工及
CAS Regular Staff and

单位：人

系统及单位 System and unit	正式职工 总 计 Regular staff total	其中: 女性 Of which: Female
总计 Total	**43140**	**13770**
一、按系统分 By system		
(一) 科研机构 Research units	35394	10949
数学、物理 Mathematics & physics	7550	2063
化学与化工 Chemistry & chemical engineering	4959	1608
地学 Earth sciences	5056	1408
生物学 Biological sciences	6424	2522
技术科学 Technological sciences	10813	3174
其他 Others	149	54
(二) 学校及公共支撑机构 School and public supporting organizations	5895	2092
技术支撑 Supporting organization	239	67
学校 School	4077	1322
文献情报、新闻出版 Documentation,information & publication	830	446
服务与福利 Service & welfare	749	257
(三) 管理机构 Management organizations	1851	729
中国科学院本部 CAS Head Office	713	303
地区管理部门 CAS Branches	1138	426

离退休人员情况(2005 年)

Retired Personnel: 2005

(person)

干部 Cadres								工人 Workers	离、退休人员总数 Total retired personnel
合计 Total	专业技术人员 Professional and technical staff						行政管理人员 Administrative staff		
	小计 Subtotal	高级 Senior	其中：正高级 Of which: Full professorship	中级 Middle level	初级及未定 Junior and others				
34923	**29932**	**13119**	**4998**	**11180**	**5633**		**4991**	**8217**	**40598**
28926	25259	11106	4296	9503	4650		3667	6468	35545
6094	5340	2625	1025	1868	847		754	1456	7177
4226	3785	1534	588	1493	758		441	733	5600
4425	3710	2002	787	1302	406		715	631	4480
5528	4672	1852	801	1827	993		856	896	6170
8283	7475	2963	1032	2911	1601		808	2530	11679
144	126	79	40	39	8		18	5	105
4658	4021	1751	627	1439	831		637	1237	3219
221	203	79	24	107	17		18	18	97
3374	3022	1461	546	960	601		352	703	1745
774	644	196	57	319	129		130	56	711
289	152	15		53	84		137	460	666
1339	652	262	75	238	152		687	512	1834
480	222	147	58	47	28		258	233	666
859	430	115	17	191	124		429	279	1168

系统及单位 System and unit	正式职工 总　计 Regular staff total	其中: 女性 Of which: Female
二、按单位分 By unit		
北京市 Beijing	15226	5319
数学与系统科学研究院 Academy of Mathematics & Systems Science	293	77
物理研究所 Inst. of Physics	397	107
声学研究所 Inst. of Acoustics	521	133
理论物理研究所 Inst. of Theoretical Physics	55	11
理化技术研究所 Technical Inst. of Physics and Chemistry	336	94
高能物理研究所 Inst. of High Energy Physics	1022	372
国家天文台 National Astronomical Observatories of China	582	145
力学研究所 Inst. of Mechanics	346	91
化学研究所 Inst. of Chemistry	445	157
生态环境研究中心 Research Center for Eco-Environmental Sciences	281	105
国家纳米科学中心 National Center for Nano Science and Technology of China	72	18
过程工程研究所 Inst. of Process Engineering	256	84
地理科学与资源研究所 Inst. of Geographic Sciences and Natural Resources Research	520	150
遥感应用研究所 Inst. of Remote Sensing Application	189	56
地质与地球物理研究所 Inst. of Geology and Geophysics	467	122
青藏高原研究所 Inst. of Qinghai-Tibet Plateau	74	21
古脊椎动物与古人类研究所 Inst. of Vertebrate Paleontology and Paleoanthropology	124	44

续表 3-2

干部 Cadres							工人 Workers	离、退休人员总数 Total retired personnel
合计 Total	专业技术人员 Professional and technical staff					行政管理人员 Administrative staff		
	小计 Subtotal	高级 Senior	其中：正高级 Of which: Full professorship	中级 Middle level	初级及未定 Junior and others			
12762	10796	5221	2079	3979	1596	1966	2464	14842
276	233	172	105	50	11	43	17	277
330	299	244	124	46	9	31	67	482
451	412	182	64	153	77	39	70	544
54	43	38	32	4	1	11	1	31
282	238	149	59	72	17	44	54	366
790	674	299	93	262	113	116	232	1019
502	429	221	86	142	66	73	80	470
301	266	172	56	82	12	35	45	484
401	374	213	88	126	35	27	44	520
262	238	106	44	99	33	24	19	285
72	60	45	18	7	8	12		
232	196	93	35	76	27	36	24	328
468	398	265	115	101	32	70	52	505
173	146	79	29	51	16	27	16	87
408	341	193	95	119	29	67	59	447
74	64	44	13	11	9	10		
121	96	55	21	38	3	25	3	139

系统及单位 System and unit	正式职工 总　计 Regular staff total	其中: 女性 Of which: Female
大气物理研究所 Inst. of Atmospheric Physics	325	113
植物研究所 Inst. of Botany	473	185
动物研究所 Inst. of Zoology	296	119
心理研究所 Inst. of Psychology	122	57
微生物研究所 Inst. of Microbiology	293	151
生物物理研究所 Inst. of Biophysics	302	148
遗传与发育生物学研究所 Inst. of Genetics and Developmental Biology	530	208
北京基因组研究所 Beijing Genomics Inst.	90	40
计算技术研究所 Inst. of Computing Technology	615	181
软件研究所 Inst. of Software	473	158
半导体研究所 Inst. of Semiconductors	434	142
微电子研究所 Inst. of Microelectronics	396	148
电子学研究所 Inst. of Electronics	559	201
光电研究院 Institutes. of Optoelectronics	138	48
自动化研究所 Inst. of Automation	299	78
电工研究所 Inst. of Electric Engineering	330	110
工程热物理研究所 Inst. of Engineering Thermophysics	151	41
空间科学与应用研究中心 Center for Space Science and Applied Research	364	126
自然科学史研究所 Inst. of History of Natural Sciences	72	25

续表 3-2

干部 Cadres							工人 Workers	离、退休人员总数 Total retired personnel
合计 Total	专业技术人员 Professional and technical staff					行政管理人员 Administrative staff		
	小计 Subtotal	高级 Senior	其中：正高级 Of which: Full professorship	中级 Middle level	初级及未定 Junior and others			
296	265	138	46	108	19	31	29	272
402	360	150	62	177	33	42	71	475
278	248	120	54	114	14	30	18	346
118	101	52	22	47	2	17	4	96
261	235	96	39	104	35	26	32	296
276	219	74	46	92	53	57	26	460
485	402	138	54	171	93	83	45	404
90	81	21	14	26	34	9		
490	452	199	44	226	27	38	125	829
448	389	127	55	130	132	59	25	178
306	259	125	66	98	36	47	128	555
253	223	76	31	80	67	30	143	492
488	458	145	52	198	115	30	71	710
136	129	76	29	33	20	7	2	1
268	245	125	45	97	23	23	31	287
290	266	78	27	104	84	24	40	363
143	124	61	18	49	14	19	8	120
342	298	155	35	101	42	44	22	458
67	57	38	17	17	2	10	5	72

系统及单位 System and unit	正式职工 总 计 Regular staff total	其中: 女性 Of which: Female
科技政策与管理科学研究所 Inst. of Science Policy and Management	77	29
中国科学院研究生院 Graduate School of the Chinese Academy of Sciences	663	284
中国遥感卫星地面站 China Remote Sensing Satellite Ground Station	139	40
计算机网络信息中心 Computer Network Information Center	100	27
中国科学院文献情报中心 Library of Chinese Academy of Sciences	262	162
科学时报社 Science Times	45	25
科学出版社 Science Press	285	143
行政管理局 Bureau of Administration and Logistics	700	240
中国科学院本部 CAS Head Office	713	303
其中: 院机关 Of which: Head Office	386	137
山西省 Shanxi Province	452	158
山西煤炭化学研究所 Shanxi Inst. of Coal Chemistry	452	158
辽宁省、山东省 Liaoning and Shandong provinces	3150	826
大连化学物理研究所 Dalian Inst. of Chemical Physics	820	261
沈阳应用生态研究所 Shenyang Inst. of Applied Ecology	335	134
沈阳自动化研究所 Shenyang Inst. of Automation	522	91
金属研究所 Inst. of Metals Research	834	174
海洋研究所 Inst. of Oceanology	581	151
沈阳分院 Shenyang Branch	58	15

续表 3-2

干部 Cadres							工人 Workers	离、退休人员总数 Total retired personnel
合计 Total	专业技术人员 Professional and technical staff					行政管理人员 Administrative staff		
	小计 Subtotal	高级 Senior	其中：正高级 Of which: Full professorship	中级 Middle level	初级及未定 Junior and others			
77	69	41	23	22	6	8		33
526	381	239	102	109	33	145	137	449
124	115	44	13	55	16	9	15	62
97	88	35	11	52	1	9	3	35
237	200	69	26	96	35	37	25	233
45	30	10	2	12	8	15		
271	224	57	11	125	42	47	14	318
271	149	15		50	84	122	429	648
480	222	147	58	47	28	258	233	666
386	222	147	58	47	28	164		666
376	337	130	43	138	69	39	76	419
376	337	130	43	138	69	39	76	419
2687	2342	993	350	1001	348	345	463	3033
731	641	219	72	298	124	90	89	779
291	247	102	42	101	44	44	44	329
442	407	186	57	133	88	35	80	436
701	635	305	105	313	17	66	133	762
470	384	164	67	148	72	86	111	646
52	28	17	7	8	3	24	6	81

系统及单位 System and unit	正式职工 总　计 Regular staff total	其中: 女性 Of which: Female
其中: 分院机关 Of which: Branch Office	22	7
吉林省 Jilin Province	2951	815
长春应用化学研究所 Changchun Inst. of Applied Chemistry	756	213
东北地理与农业生态研究所 Northeast Inst. of Geography and Agricultural Ecology	297	70
长春光学精密仪器与物理研究所 Changchun Inst. of Optics, Fine Mechanics and Physics	1854	519
长春分院 Changchun Branch	44	13
其中: 分院机关 Of which: Branch Office	17	4
上海市、福建省 Shanghai, Fujian Province	5920	2027
上海应用物理研究所 Shanghai Inst. of Applied Physics	725	199
上海天文台 Shanghai Observatory	182	53
上海硅酸盐研究所 Shanghai Inst. of Ceramics	558	177
上海有机化学研究所 Shanghai Inst. of Organic Chemistry	431	170
上海药物研究所 Shanghai Inst. of Materia Medica	388	175
上海生命科学院 Shanghai Institutes for Biological Sciences	1281	549
上海微系统与信息技术研究所 Shanghai Inst. of Microsystem and Information Technology	451	137
上海光学精密机械研究所 Shanghai Inst. of Optics and Fine Mechanics	679	203
上海技术物理研究所 Shanghai Inst. of Technical Physics	723	229
福建物质结构研究所 Fujian Inst. of Research on the Structure of Matter	287	69
上海分院 Shanghai Branch	215	66

续表 3-2

干部 Cadres							工人 Workers	离、退休人员总数 Total retired personnel
合计 Total	专业技术人员 Professional and technical staff					行政管理人员 Administrative staff		
	小计 Subtotal	高级 Senior	其中：正高级 Of which: Full professorship	中级 Middle level	初级及未定 Junior and others			
22	11	8	5	3		11		81
2271	2059	737	265	795	527	212	680	3775
623	572	183	81	240	149	51	133	853
245	198	92	35	75	31	47	52	213
1364	1268	449	147	472	347	96	490	2661
39	21	13	2	8		18	5	48
17	10	8	1	2		7		48
4566	3957	1501	636	1468	988	609	1354	6554
523	482	161	52	210	111	41	202	749
154	130	78	35	42	10	24	28	225
423	384	199	61	149	36	39	135	602
350	314	90	49	113	111	36	81	835
382	355	122	61	91	142	27	6	351
996	803	293	145	291	219	193	285	1217
317	277	99	44	90	88	40	134	770
461	416	170	67	183	63	45	218	797
572	516	209	89	188	119	56	151	518
249	217	63	32	78	76	32	38	303
139	63	17	1	33	13	76	76	187

系统及单位 System and unit	正式职工 总 计 Regular staff total	其中: 女性 Of which: Female
其中: 分院机关 Of which: Branch Office	27	6
江苏省 Jiangsu Province	815	228
紫金山天文台 Purple Mountain Observatory	239	70
南京地理与湖泊研究所 Nanjing Inst. of Geography and Limnology	135	31
南京地质古生物研究所 Nanjing Inst. of Geology and Palaeontology	151	44
南京土壤研究所 Nanjing Inst. of Soil Science	260	72
南京分院 Nanjing Branch	30	11
其中: 分院机关 Of which: Branch Office	14	4
安徽省 Anhui Province	4889	1415
合肥物质科学研究院 Hefei Institutes of Physical Sciences	1475	377
中国科学技术大学 University of Science and Technology of China	3414	1038
江西省 Jiangxi Province	39	13
庐山疗养院 Lushan Sanatorium	39	13
山东省 Shandong Province	10	4
青岛疗养院 Qingdao Sanatorium	10	4
湖北省、湖南省 Hubei and Hunan provinces	1513	436
武汉物理与数学研究所 Wuhan Inst. of Physics and Mathematics	266	63
武汉岩土力学研究所 Wuhan Inst. of Rock and Soil Mechanics	310	65
测量与地球物理研究所 Inst. of Geodesy and Geophysics	100	30

续表 3-2

干部 Cadres							工人 Workers	离、退休人员总数 Total retired personnel
合计 Total	专业技术人员 Professional and technical staff					行政管理人员 Administrative staff		
	小计 Subtotal	高级 Senior	其中：正高级 Of which: Full professorship	中级 Middle level	初级及未定 Junior and others			
27	9	4	1	5		18		187
735	609	353	134	199	57	126	80	937
219	177	97	40	58	22	42	20	216
121	113	69	19	34	10	8	14	169
137	117	82	38	28	7	20	14	200
231	194	100	37	79	15	37	29	313
27	8	5			3	19	3	39
14	2	2				12		39
3968	3646	1655	595	1221	770	322	921	2409
1120	1005	433	151	370	202	115	355	1113
2848	2641	1222	444	851	568	207	566	1296
16	2			2		14	23	16
16	2			2		14	23	16
2	1			1		1	8	2
2	1			1		1	8	2
1193	967	448	158	391	128	226	320	1344
216	184	94	34	72	18	32	50	277
196	171	68	24	89	14	25	114	283
85	74	39	16	28	7	11	15	63

系统及单位 System and unit	正式职工 总　计 Regular staff total	其中: 女性 Of which: Female
武汉植物园 Wuhan Botanical Garden	148	56
水生生物研究所 Inst. of Hydrobiology	256	66
武汉病毒研究所 Wuhan Inst. of Virology	138	48
亚热带农业生态研究所 Inst. of Subtropical Agriculture	95	27
武汉文献情报中心 Wuhan Documentation and Information Center	74	40
武汉分院 Wuhan Branch	126	41
其中: 分院机关 Of which: Branch Office	19	6
广东省 Guangdong Province	1157	327
广州地球化学研究所 Guangzhou Inst. of Geochemistry	272	83
南海海洋研究所 South China Sea Inst. of Oceanology	377	80
华南植物园 South China Botanical Garden	295	104
广州能源研究所 Guangzhou Inst. of Energy Conversion	170	48
广州分院 Guangzhou Branch	43	12
其中: 分院机关 Of which: Branch Office	19	6
四川省 Sichuan Province	1887	607
成都山地灾害与环境研究所 Chengdu Inst. of Mountain Hazards and Environment	225	72
成都生物研究所 Chengdu Inst. of Biology	304	120
光电技术研究所 Inst. of Optics and Electronics	1176	338

续表 3-2

干部 Cadres							工人 Workers	离、退休人员总数 Total retired personnel
合计 Total	专业技术人员 Professional and technical staff					行政管理人员 Administrative staff		
	小计 Subtotal	高级 Senior	其中：正高级 Of which: Full professorship	中级 Middle level	初级及未定 Junior and others			
114	96	42	13	38	16	18	34	114
210	163	85	32	64	14	47	46	216
124	101	48	18	36	17	23	14	139
78	66	41	12	11	14	12	17	71
74	69	23	8	33	13	5		52
96	43	8	1	20	15	53	30	129
19	7	2		2	3	12		129
981	798	350	145	302	146	183	176	1104
252	211	114	49	83	14	41	20	287
313	255	123	45	92	40	58	64	333
228	183	65	28	68	50	45	67	313
148	129	43	21	51	35	19	22	132
40	20	5	2	8	7	20	3	39
19	8	5	1	2	1	11		39
1313	1065	393	136	404	268	248	574	1687
199	157	80	41	50	27	42	26	169
266	213	85	34	88	40	53	38	247
690	605	205	56	223	177	85	486	1026

系统及单位 System and unit	正式职工 总　计 Regular staff total	其中: 女性 Of which: Female
成都文献情报中心 Chengdu Documentation and Information Center	68	31
成都分院 Chengdu Branch	114	46
其中: 分院机关 Of which: Branch Office	19	9
云南省、贵州省 Yunnan and Guizhou provinces	985	319
地球化学研究所 Inst. of Geochemistry	263	79
昆明植物研究所 Kunming Inst. of Botany	222	69
西双版纳热带植物园 Xishuangbanna Tropical Botanical Garden	260	96
昆明动物研究所 Kunming Inst. of Zoology	200	61
昆明分院 Kunming Branch	40	14
其中: 分院机关 Of which: Branch Office	15	5
陕西省 Shaanxi Province	1158	342
地球环境研究所 Inst. of Earth Environment	36	9
西安光学精密机械研究所 Xi'an Inst. of Optics and Precision Mechanics	645	202
国家授时中心 National Time Service Center	443	120
西安分院 Xi'an Branch	34	11
其中: 分院机关 Of which: Branch Office	34	11
甘肃省、青海省 Gansu and Qinghai provinces	2243	663
近代物理研究所 Inst. of Modern Physics	540	116

续表 3-2

干部 Cadres							工人 Workers	离、退休人员总数 Total retired personnel
合计 Total	专业技术人员 Professional and technical staff					行政管理人员 Administrative staff		
	小计 Subtotal	高级 Senior	其中：正高级 Of which: Full professorship	中级 Middle level	初级及未定 Junior and others			
66	52	14	3	23	15	14	2	47
92	38	9	2	20	9	54	22	198
19	4	1	1	3		15		198
823	683	285	112	250	148	140	162	944
213	176	117	42	47	12	37	50	243
198	172	62	31	80	30	26	24	252
199	164	47	18	51	66	35	61	244
181	169	59	21	70	40	12	19	141
32	2			2		30	8	64
15						15		64
720	565	199	75	218	148	155	438	960
36	27	13	8	11	3	9		11
424	379	130	44	142	107	45	221	584
226	151	51	23	63	37	75	217	334
34	8	5		2	1	26		31
34	8	5		2	1	26		31
1904	1606	650	223	593	363	298	339	2128
462	406	141	56	129	136	56	78	521

系统及单位 System and unit	正式职工 总　计 Regular staff total	其中: 女性 Of which: Female
兰州化学物理研究所 Lanzhou Inst. of Chemical Physics	387	128
兰州地质研究所 Lanzhou Inst. of Geology	93	26
寒区旱区环境与工程研究所 Cold and Arid Regions Environmental and Engineering Research Inst.	532	131
青海盐湖研究所 Qinghai Inst. of Saline Lakes	214	68
西北高原生物研究所 Northwest Inst. of Plateau Biology	136	37
资源环境科学信息中心 Scientific Information Center for Resources and Environment	96	45
兰州分院 Lanzhou Branch	245	112
其中: 分院机关 Of which: Branch Office	22	8
新疆维吾尔自治区 Xinjiang Uygur Autonomous Region	745	271
新疆理化技术研究所 Xinjiang Technical Inst. of Physics and Chemistry	261	90
新疆生态与地理研究所 Xinjiang Inst. of Ecology and Geography	295	96
新疆分院 Xinjiang Branch	189	85
其中: 分院机关 Of which: Branch Office	16	4

续表 3-2

干 部 Cadres							工 人 Workers	离、退休人员总数 Total retired personnel
合 计 Total	专业技术人员 Professional and technical staff					行政管理人员 Adminis-trative staff		
	小 计 Subtotal	高 级 Senior	其中：正高级 Of which: Full professorship	中 级 Middle level	初级及未定 Junior and others			
334	296	132	44	107	57	38	53	411
83	65	36	17	24	5	18	10	101
465	392	184	60	156	52	73	67	431
173	156	61	21	62	33	17	41	265
120	100	50	18	28	22	20	16	146
81	69	23	7	30	16	12	15	61
186	122	23		57	42	64	59	192
22	9	5		4		13		192
606	499	204	47	218	77	107	139	444
218	191	76	14	87	28	27	43	120
266	231	115	31	98	18	35	29	164
122	77	13	2	33	31	45	67	160
16	6	4	2	1	1	10		160

3-3 事业单位正式职工年龄情况(2005 年)

Age Distribution of CAS Regular Staff: 2005

单位：人 (person)

	合 计 Total	30 岁以下 Under 30	30~34 岁 30~34	35~39 岁 35~39	40~44 岁 40~44	45~49 岁 45~49	50~54 岁 50~54	其中：女性 Of which: Female	55~59 岁 55~59	60 岁及以上 60 and over
正式职工总数 Total regular staff	**43140**	**5031**	**5231**	**6253**	**8853**	**6021**	**7324**	**2393**	**3475**	**952**
科研机构 Research units	35394	4391	4404	5065	7305	4699	5977	1944	2784	769
学校及公共支撑机构 School and public supporting organizations	5895	577	678	876	1182	958	933	300	526	165
管理机构 Management organizations	1851	63	149	312	366	364	414	149	165	18
专业技术人员 Various kinds of professional staff	**29932**	**4690**	**4593**	**4715**	**6348**	**3188**	**3773**	**1636**	**1692**	**933**
科研机构 Research units	25259	4134	3927	3917	5331	2606	3202	1361	1384	758
学校及公共支撑机构 School and public supporting organizations	4021	508	595	663	867	488	469	220	269	162
管理机构 Management organizations	652	48	71	135	150	94	102	55	39	13
高级职称 Senior professionals	**13119**	**95**	**1217**	**2503**	**3832**	**1572**	**1857**	**662**	**1117**	**926**
科研机构 Research units	11106	79	1093	2182	3282	1295	1547	549	876	752
学校及公共支撑机构 School and public supporting organizations	1751	16	118	264	486	229	259	89	218	161
管理机构 Management organizations	262		6	57	64	48	51	24	23	13

续表 3-3

	合 计 Total	30 岁以下 Under 30	30~34 岁 30~34	35~39 岁 35~39	40~44 岁 40~44	45~49 岁 45~49	50~54 岁 50~54	其中:女性 Of which: Female	55~59 岁 55~59	60 岁及以上 60 and over
正高级 Full professorship	**4998**	**6**	**153**	**805**	**1686**	**680**	**406**	**63**	**359**	**903**
科研机构 Research units	4296	5	139	735	1502	576	326	46	280	733
学校及公共支撑机构 School and public supporting organizations	627	1	14	63	166	85	68	15	73	157
管理机构 Management organizations	75			7	18	19	12	2	6	13
中级职称 Middle level professionals	**11180**	**1380**	**2526**	**1787**	**1992**	**1261**	**1694**	**871**	**533**	**7**
科研机构 Research units	9503	1263	2196	1417	1633	1037	1478	738	473	6
学校及公共支撑机构 School and public supporting organizations	1439	109	297	321	302	193	172	109	44	1
管理机构 Management organizations	238	8	33	49	57	31	44	24	16	

3-4 事业单位正式职工学位和学历情况(2005 年)
CAS Regular Staff, by Academic Degree and Qualification: 2005

单位: 人 (person)

	学位 Academic degrees			学历 Academic qualification				
	博士 Ph.D.	硕士 MS	学士 Bachelor	研究生 Post graduates	大学 University graduates	大专 Specialized higher school graduates	中专 Specialized secondary school graduates	其他 Others
总计 Total	**7210**	**5714**	**6543**	**13159**	**11514**	**6529**	**1651**	**10287**
科研机构 Research units	6365	4846	5246	11351	9112	5095	1323	8513
数学、物理 Mathematics & physics	1380	778	1000	2186	2250	1166	289	2102
化学与化工 Chemistry & chemical engineering	1041	695	929	1747	1347	639	133	1093
地学 Earth sciences	1265	570	555	1891	1096	886	174	1009
生物学 Biological sciences	1329	976	941	2312	1514	936	302	1360
技术科学 Technological sciences	1318	1779	1801	3134	2866	1447	423	2943
其他 Others	32	48	20	81	39	21	2	6
学校及公共支撑机构 School and public supporting organizations	784	786	1064	1650	1839	954	222	1230
管理机构 Management organizations	61	82	233	158	563	480	106	544

主要统计指标解释

1. 正式职工

指由本机构直接组织安排工作并支付工资的事业编制内的年末在册各类人员。不包括离退休人员。

2. 专业技术人员

指聘任了专业技术职务或专业技术职务见习期内的人员。

高级：指研究员、副研究员；教授、副教授；高级工程师；高级农艺师；正、副主任医(药、护、技)师；高级实验师；高级统计师；高级经济师；高级会计师；正、副编审；正、副译审；高级(主任)记者；正、副研究馆员等。

中级：指助理研究员；讲师；工程师；农艺师；主治医(药、护、技)师；实验师；统计师；经济师；会计师；编辑；翻译；记者；馆员等。

初级：指研究实习员；助教；助理工程师、技术员；助理农艺师、农业技术员；医(药、护、技)师、医(药、护、技)士；助理实验师、实验员；助理统计师、统计员；助理经济师；助理会计师、会计员；助理编辑、见习编辑；助理翻译；助理记者；助理馆员、管理员等。

3. 离、退休人员总数

指历年由本机构离、退休，并在本机构领取离、退休费的人员。

4. 学位和学历

指由人事部门或干部部门根据国家有关规定，填报的本机构职工总数中人员的学位和学历情况(均指获得的最高学位和最高学历)。

Explanatory Notes on Key Indicators

1. Regular staff

Regular staff refers to persons who are on the year end payroll, working directly under the management of an institution or unit and receiving remuneration for their work. The retired are not included.

2. Professional and technical staff

This refers to those who have acquired professional or technical titles or who are in the probation period of those titles.

Senior: research fellow and associate research fellow, professor and associate professor, senior engineer, senior agronomist, chief (and associate chief) physician (pharmacist, nurse and technician), senior laboratorian, senior statistician, senior economist, senior accountant, senior editor and associate senior editor, translation editor and associate translation editor, senior journalist, senior librarian and associate librarian, and so on.

Intermediate: research associate, lecturer, engineer, agronomist, physician (pharmacist, nurse and technician) in charge, laboratorian, statistician, economist, accountant, editor, translator, journalist, librarian, and so on.

Junior: research assistant, teaching assistant, assistant engineer, technician, assistant agronomist, agrotechnician, physician (pharmacist, nurse and technician), assistant laboratorian, laboratory technician, assistant physician (pharmacist, nurse and technician), assistant statistician, statistical clerk, assistant economist, assistant accountant, accounting clerk, assistant editor, assistant translator, assistant journalist, library assistant, library clerk, and so on.

3. Total retired personnel

Total retired personnel refers to the total number of staff who retired from CAS and draw their pension from CAS.

4. Academic degrees and qualifications

This heading reflects the basic status of academic degrees and qualifications of the staff in a particular institution or unit, compiled by the personnel department according to relevant state regulations, and only the highest academic degrees and qualifications are recorded.

四、经　费

FUNDS

4-1 事业单位总收入、支出情况

Total Income and Expenditure of CAS Institutions

单位: 万元 (ten thousand yuan)

年 份 Year	总收入 Total income	比上年增长(%) Percentage of increase to that of last year	总支出 Total expenditure	比上年增长(%) Percentage of increase to that of last year
1986	89572	–	87591	13.0
1987	101817	13.7	93382	6.6
1988	126570	24.3	104103	11.5
1989	131026	3.5	115530	11.0
1990	149252	13.9	132041	14.3
1991	151004	1.2	145579	10.3
1992	188906	25.1	191372	31.5
1993	240277	27.2	237560	24.1
1994	290668	21.0	277266	16.7
1995	322500	11.0	313395	13.0
1996	324959	0.8	330587	5.5
1997	408797	25.8	364661	10.3
1998	493598	20.7	367110	0.7
1999	545206	10.5	426170	16.1
2000	713798	30.9	572464	34.3
2001	806083	12.9	696939	21.7
2002	1007421	25.0	877392	25.9
2003	977810	–2.9	990997	13.0
2004	1221649	24.9	1115258	12.5
2005	1275183	4.4	1241790	11.3

注: 1. 表 4 以中国科学院财务决算口径统计。

Note: Table 4 is based on the specifications for CAS final financial accounts.

2. 1997 年起开始执行国家颁布的“科学事业单位财务制度”。

Since 1997, the “Financial System for Scientific Institutions” issued by the State has been implemented.

3. “总收入”不包括基本建设投资、教育事业费收入。

“The total income” does not include the investment of capital construction and education income.

4. 自 2001 年起，事业单位总收入和总支出中包括转制单位的财政补助收入及支出。

Since 2001, the total income and expenditure of CAS scientific institutions has included the financial subsidiary income and expenditure of these transfered institutions.

4-2 事业单位总

Total Income of

单位：万元

系统及单位 System and institute	合 计 Total	财政补助收 入 Financial subsidiary income	拨入专款 Special funds allocated
总 计 Total	**1275183**	**650266**	**19103**
一、按系统分 **By system**			
(一) 科研机构 Research units	1064817	536566	11555
数学、物理 Mathematics & physics	238390	150314	1943
化学与化工 Chemistry & chemical engineering	153481	73196	1000
地学 Earth sciences	133235	77224	3913
生物学 Biological sciences	195754	110700	2923
技术科学 Technological sciences	339709	122257	1647
其他 Others	4248	2875	129
(二) 学校及公共支撑机构 School and public supporting organizations	136258	53820	564
技术支撑 Technical supporting organizations	35402	9522	14
学校 School	72931	26267	363
文献情报、新闻出版 Documentation, information & publication	20301	13727	187
服务与福利 Service & welfare	7624	4304	
(三) 管理机构 Management organizations	65360	51621	6943
中国科学院本部 CAS Head Office	36864	41245	257
地区管理部门 CAS Branches	28496	10376	6686
(四) 其他 Others	8749	8255	43

收入情况(2005 年)
CAS Institutions: 2005

(ten thousand yuan)

事业收入 Operating income	科研收入 Scientific research income	技术收入 Technical income	试制产品收入 Trial-production income	预算外资金收入 Income from non-budgetary funds	经营收入 Business income	其他收入 Other income
537663	**443804**	**64384**	**10846**	**9349**	**26618**	**41534**
456728	381587	56741	10821	519	25447	34526
70164	61077	6766	802	503	9029	6936
71834	52918	15409	2985	2	1454	6000
46504	42604	3445		10	1184	4418
74452	63832	6262	37		1077	6597
192891	160279	24855	6997	4	12655	10261
883	877	4			48	314
77494	60464	7580	26	7203	382	3997
24911	21363	3548			9	945
45970	38389	1402	26	6152		332
5669	692	2630		127	293	425
944	20			924	80	2295
3404	1753	22		1629	787	2601
621	621					-5259
2783	1132	22		1629	787	7860
41		41				410

系统及单位 System and institute	合 计 Total	财政补助收 入 Financial subsidiary income	拨入专款 Special funds allocated
二、按科研单位分 By institute	1064817	536566	11555
北京市 Beijing	466580	234452	5413
数学与系统科学研究院 Academy of Mathematics & Systems Science	8225	6284	217
物理研究所 Inst. of Physics	26284	16262	288
声学研究所 Inst. of Acoustics	21489	8182	74
理论物理研究所 Inst. of Theoretical Physics	3010	1282	62
理化技术研究所 Technical Inst. of Physics and Chemistry	13666	5214	20
高能物理研究所 Inst. of High Energy Physics	26888	20259	641
国家天文台 National Astronomical Observatories of China	21834	11970	245
力学研究所 Inst. of Mechanics	11076	6454	200
化学研究所 Inst. of Chemistry	20645	14106	59
生态环境研究中心 Research Center for Eco-Environmental Sciences	11726	5544	420
国家纳米科学中心 National Center for Nano Science and Technology of China	1955	1566	
过程工程研究所 Inst. of Process Engineering	6080	3506	23
地理科学与资源研究所 Inst. of Geographical Sciences and Natural Resources Research	18825	10737	508
青藏高原研究所 Inst. of Qinghai-Tibet Plateau	2946	2087	2
遥感应用研究所 Inst. of Remote Sensing Application	7308	2954	133
地质与地球物理研究所 Inst. of Geology and Geophysics	17205	9793	500

续表 4-2

事业收入 Operating income					经营收入 Business income	其他收入 Other income
	科研收入 Scientific research income	技术收入 Technical income	试制产品收入 Trial-production income	预算外资金收入 Income from non-budgetary funds		
456728	381587	56741	10821	519	25447	34526
200402	183440	10720	4210		14476	11839
1629	1515					94
9392	8620	371			270	73
9168	7484	1683			3925	139
966	951					700
5783	3424	1747	612		621	2028
4624	3704	907			1053	311
9363	9363				260	-4
3669	3200	331	131		491	261
6471	5112	1358			1	8
5700	5456	244				61
389	389					
2166	2093	36	13		43	343
7342	7342				96	141
831	831					27
4135	3565	484			83	4
6792	6767	24			67	53

系统及单位 System and institute	合 计 Total	财政补助 收 入 Financial subsidiary income	拨入专款 Special funds allocated
古脊椎动物与古人类研究所 Inst. of Vertebrate Paleontology and Paleoanthropology	2739	1724	95
大气物理研究所 Inst. of Atmospheric Physics	9839	6057	222
植物研究所 Inst. of Botany	12741	9557	396
动物研究所 Inst. of Zoology	10633	6862	154
心理研究所 Inst. of Psychology	3093	1383	93
微生物研究所 Inst. of Microbiology	9460	6236	37
生物物理研究所 Inst. of Biophysics	13593	6463	104
遗传与发育生物学研究所 Inst. of Genetics and Developmental Biology	13442	6554	283
北京基因组研究所 Beijing Genomics Inst.	6991	6133	2
计算技术研究所 Inst. of Computing Technology	28077	9206	29
软件研究所 Inst. of Software	15618	4503	39
半导体研究所 Inst. of Semiconductors	14650	6547	33
微电子研究所 Inst. of Microelectronics	11307	5376	192
电子学研究所 Inst. of Electronics	36813	6742	23
光电研究院 Institutes of Optoelectronics	8246	3844	
自动化研究所 Inst. of Automation	12001	4987	35
电工研究所 Inst. of Electric Engineering	8412	5071	8
工程热物理研究所 Inst. of Engineering Thermophysics	5336	2529	18

续表 4-2

事业收入 Operating income					经营收入 Business income	其他收入 Other income
	科研收入 Scientific research income	技术收入 Technical income	试制产品收入 Trial-production income	预算外资金收入 Income from non-budgetary funds		
815	703				100	6
3457	3294	124			98	5
2672	2326	124				116
3561	3371	53			45	11
754	533					863
3092	2236	773			85	10
4978	4444	403			116	1932
6510	6473		37		87	7
838	838					18
16645	14799	1601				2197
10763	10684	34			292	22
6288	6143	145			852	930
2399	2286	113			3230	110
29936	26259	161	3417		127	-14
4341	4341					60
5829	5796				871	279
3021	3021				256	57
2130	2130				91	568

系统及单位 System and institute	合 计 Total	财政补助 收 入 Financial subsidiary income	拨入专款 Special funds allocated
空间科学与应用研究中心 Center for Space Science and Applied Research	20179	5603	129
自然科学史研究所 Inst. of History of Natural Sciences	1668	1149	102
科技政策与管理科学研究所 Inst. of Policy and Management	2580	1726	27
山西省 Shanxi Province	10016	4583	11
山西煤炭化学研究所 Shanxi Inst. of Coal Chemistry	10016	4583	11
辽宁省 、山东省 Liaoning and Shandong provinces	79028	37206	340
大连化学物理研究所 Dalian Inst. of Chemical Physics	25257	10820	138
沈阳应用生态研究所 Shenyang Inst. of Applied Ecology	6417	3898	65
沈阳自动化研究所 Shenyang Inst. of Automation	13860	5277	47
金属研究所 Inst. of Metals Research	21087	10157	19
海洋研究所 Inst. of Oceanology	12407	7054	71
吉林省 Jilin Province	53037	25702	432
长春应用化学研究所 Changchun Inst. of Applied Chemistry	14759	9273	116
东北地理与农业生态研究所 Northeast Inst. of Geography and Agricultural Ecology	3541	2854	60
长春光学精密机械与物理研究所 Changchun Inst. of Optics, Fine Mechanics and Physics	34737	13575	256
上海市、福建省 Shanghai, Fujian Province	213813	95954	580
上海应用物理研究所 Shanghai Inst. of Applied Physics	25439	22100	21
上海天文台 Shanghai Observatory	6951	2937	8

续表 4-2

事业收入 Operating income	科研收入 Scientific research income	技术收入 Technical income	试制产品收入 Trial-production income	预算外资金收入 Income from non-budgetary funds	经营收入 Business income	其他收入 Other income
13070	13070				1268	109
80	74	4			26	312
803	803				22	2
5211	4585	607		2	212	
5211	4585	607		2	212	
39042	26799	9725	2063		229	2212
13721	5911	5633	2063		176	402
2410	1878	340				43
8256	5226	2996				280
10012	9469	428				900
4643	4315	328			53	587
26432	8110	18102		10		470
5362	5284					8
577	419	142		10		50
20493	2407	17960				412
98965	80499	13508	4293		7534	10781
1460	242	1192			909	949
3514	3511		1		124	368

系统及单位 System and institute	合 计 Total	财政补助 收 入 Financial subsidiary income	拨入专款 Special funds allocated
上海硅酸盐研究所 Shanghai Inst. of Ceramics	28446	6851	29
上海有机化学研究所 Shanghai Inst. of Organic Chemistry	19474	7068	80
上海生命科学研究院 Shanghai Institutes for Biological Sciences	46303	25853	122
上海微系统与信息技术研究所 Shanghai Inst. of Microsystem and Information Technology	22686	8590	62
上海光学精密机械研究所 Shanghai Inst. of Optics and Fine Mechanics	16900	9488	76
上海技术物理研究所 Shanghai Inst. of Technical Physics	27813	6045	70
上海药物研究所 Shanghai Inst. of Materia Medica	14567	3728	15
福建物质结构研究所 Fujian Inst. of Research on the Structure of Matter	5234	3294	97
江苏省 Jiangsu Province	27722	17430	99
紫金山天文台 Purple Mountain Observatory	10288	7635	31
南京地理与湖泊研究所 Nanjing Inst. of Geography and Limnology	4588	2580	10
南京地质古生物研究所 Nanjing Inst. of Geology and Palaeontology	4429	2778	34
南京土壤研究所 Nanjing Inst. of Soil Science	8417	4437	24
安徽省 Anhui Province	23863	16148	58
合肥物质科学研究院 Hefei Institutes of Physical Sciences	23863	16148	58
湖北省、湖南省 Hubei and Hunan provinces	30721	16118	76
武汉物理与数学研究所 Wuhan Inst. of Physics and Mathematics	4480	3357	22
武汉岩土力学研究所 Wuhan Inst. of Rock and Soil Mechanics	6963	2378	28

续表 4-2

事业收入 Operating income					经营收入 Business income	其他收入 Other income
	科研收入 Scientific research income	技术收入 Technical income	试制产品收入 Trial-production income	预算外资金收入 Income from non-budgetary funds		
20872	16933	3911			518	178
8558	4169	3270	909		242	3527
18191	17040	773			371	1766
9156	5502	354	3299		4244	634
6273	5857	416			654	408
19375	18846	445	84		285	2038
10736	7848	2888			24	64
830	551	259			163	849
8567	8111	42			417	1210
2159	1905				61	402
1348	1339					651
1234	1105	42			280	104
3826	3762				76	53
5386	4140	527	58	503	1273	998
5386	4140	527	58	503	1273	998
13858	13184	479			63	607
1092	1068					9
4209	4209					348

系统及单位 System and institute	合 计 Total	财政补助收 入 Financial subsidiary income	拨入专款 Special funds allocated
测量与地球物理研究所 Inst. of Geodesy and Geophysics	2098	1435	6
武汉植物园 Wuhan Botanical Garden	3748	1275	3
水生生物研究所 Inst. of Hydrobiology	7818	3964	11
武汉病毒研究所 Wuhan Inst. of Virology	3442	2199	2
亚热带农业生态研究所 Inst. of Subtropical Agriculture	2172	1510	4
广东省 Guangdong Province	29535	14001	3579
广州地球化学研究所 Guangzhou Inst. of Geochemistry	8299	3426	881
南海海洋研究所 South China Sea Inst. of Oceanology	9814	4535	1143
华南植物园 South China Botanical Garden	7306	4219	1048
广州能源研究所 Guangzhou Inst. of Energy Conversion	4116	1821	507
四川省 Sichuan Province	34775	12828	52
成都山地灾害与环境研究所 Chengdu Inst. of Mountain Hazards and Environment	4976	2565	13
成都生物研究所 Chengdu Inst. of Biology	5119	2744	12
光电技术研究所 Inst. of Optics and Electronics	24680	7519	27
云南省、贵州省 Yunnan and Guizhou provinces	22436	15543	685
昆明植物研究所 Kunming Inst. of Botany	5433	3857	8
昆明动物研究所 Kunming Inst. of Zoology	4642	3290	497
西双版纳热带植物园 Xishuangbanna Tropical Botanical Garden	7448	4634	30

续表 4-2

事业收入 Operating income	科研收入 Scientific research income	技术收入 Technical income	试制产品收入 Trial-production income	预算外资金收入 Income from non-budgetary funds	经营收入 Business income	其他收入 Other income
615	615					43
2455	1941	389				14
3756	3683	46				87
1145	1089	44			63	33
586	579					73
9594	6600	2306			286	2076
2361	2146	200			50	1582
3982	1927	2030			73	80
1798	1074	76			62	179
1453	1453				101	235
18595	18337	259			200	3100
1411	1411					988
1175	1118	57			71	1116
16009	15808	202			129	996
5888	3453	361			64	256
1434	1418	16				133
823	743	80				33
2743	469	200				41

系统及单位 System and institute	合 计 Total	财政补助收 入 Financial subsidiary income	拨入专款 Special funds allocated
地球化学研究所 Inst. of Geochemistry	4913	3762	150
陕西省 Shaanxi Province	29387	14839	80
西安光学精密机械研究所 Xi'an Inst. of Optics and Precision Mechanics	13191	5377	77
地球环境研究所 Inst. of Earth Environment	2113	1459	
国家授时中心 National Time Service Center	14083	8003	3
甘肃省、青海省 Gansu and Qinghai provinces	36101	26055	123
近代物理研究所 Inst. of Modern Physics	11015	9711	21
兰州化学物理研究所 Lanzhou Inst. of Chemical Physics	6724	4379	21
寒区旱区环境与工程研究所 Cold and Arid Regions Environmental and Engineering Research Inst.	12228	7855	62
青海盐湖研究所 Qinghai Inst. of Saline Lakes	3165	2206	6
西北高原生物研究所 Northwest Inst. of Plateau Biology	2969	1904	13
新疆维吾尔自治区 Xinjiang Uygur Autonomous Region	7803	5707	27
新疆理化技术研究所 Xinjiang Technical Inst. of Physics and Chemistry	2836	2138	4
新疆生态与地理研究所 Xinjiang Inst. of Ecology and Geography	4967	3569	23

注：除“财政补助收入”外，其他各项收入均不含本单位转拨外单位经费。

Note: Except “the financial subsidiary income”, all other incomes do not include funds allocated by the institution

续表 4-2

事业收入 Operating income					经营收入 Business income	其他收入 Other income
	科研收入 Scientific research income	技术收入 Technical income	试制产品收入 Trial-production income	预算外资金收入 Income from non-budgetary funds		
888	823	65			64	49
14056	13796		197	4	255	157
7442	7182		197	4	255	40
626	626					28
5988	5988					89
8673	8474	105			438	811
1069	1060	8			42	171
2225	2117	80			36	62
4081	4010	6			220	11
329	318	11			63	562
969	969				77	5
2059	2059					9
693	693					
1366	1366					9

to other units.

4-3 事业单位总

Total Expenditure of

单位：万元

系统及单位 System and institute	合 计 Total	人员支出 Personnel expenditure	基本工资 Basic salary	补助工资 Subsidiary salary
总 计 **Total**	**1241790**	**387060**	**49103**	**106728**
一、按系统分 By system				
(一) 科研机构 Research units	1061844	336719	43973	93279
数学、物理 Mathematics & physics	213508	75029	9968	20722
化学与化工 Chemistry & chemical engineering	149204	49790	6078	13658
地学 Earth sciences	143588	48251	6788	13444
生物学 Biological sciences	201963	66378	8453	20574
技术科学 Technological sciences	349639	95645	12495	24172
其他 Others	3942	1626	191	709
(二) 学校及公共支撑机构 School and public supporting organizations	116829	28441	2885	10740
技术支撑 Technical supporting organizations	32119	3456	549	1049
学校 School	56590	14280	740	7651
文献情报、新闻出版 Documentation, information & publication	20275	5856	710	1269
服务与福利 Service & welfare	7845	4849	886	771
(三) 管理机构 Management organizations	54199	14756	2025	2588
中国科学院本部 CAS Head Office	27582	6602	635	582

支出情况(2005 年)
CAS Institutions: 2005

(ten thousand yuan)

其他工资 Other salaries	社会保障费 Social security expenditure	公用支出 Public expenditure	公务费 Official business spending	业务费 Expenditure for professional activity	设备购置费 Expenditure for purchasing equipment	修缮费 Renovation fees	结转自筹基建 Balanced and transferred self-raised capital construction funds	专款支出 Designated expenditure
41281	**141721**	**838628**	**86518**	**430006**	**197958**	**55356**	**28543**	**16103**
35770	119982	712663	70499	374362	166585	45367	27093	12456
8804	25715	136434	16166	60228	38864	11458	5036	2044
5511	17699	98403	8457	48952	20896	4795	8849	1006
4582	17155	91033	13112	44489	21502	7518	1581	4298
5959	22267	132260	12134	60342	36152	12537	2732	3321
10893	36612	252341	20208	159004	48856	9032	8894	1661
21	534	2192	422	1347	315	27	1	126
2849	9286	87831	10518	37964	24191	5439	892	555
554	834	28651	1048	19636	6684	1122	40	14
1276	2943	41955	7307	15003	9101	3360	555	354
836	2763	14230	1796	3008	8233	151	295	187
183	2746	2995	367	317	173	806	2	
2658	6149	36397	4968	17251	6584	4456	560	3047
1800	2617	20750	3119	13813	3607	144		231

系统及单位 System and institute	合 计 Total	人员支出 Personnel expenditure	基本工资 Basic salary	补助工资 Subsidiary salary
地区管理部门 CAS Branches	26617	8154	1390	2006
(四) 其 他 Others	8918	7144	218	128
二、按科研单位分 By institute	1061844	336719	43973	93279
北京市 Beijing	459803	152774	16185	38682
数学与系统科学研究院 Academy of Mathematics & Systems Science	8990	3811	442	1187
物理研究所 Inst. of Physics	19417	6704	569	1276
声学研究所 Inst. of Acoustics	19861	6821	811	1787
理论物理研究所 Inst. of Theoretical Physics	2652	751	97	395
理化技术研究所 Technical Inst. of Physics and Chemistry	10749	4184	472	942
高能物理研究所 Inst. of High Energy Physics	27212	9666	1037	3335
国家天文台 National Astronomical Observatories of China	22800	6015	651	1673
力学研究所 Inst. of Mechanics	11300	4746	411	958
化学研究所 Inst. of Chemistry	14558	7967	594	1095
生态环境研究中心 Research Center for Eco-Environmental Sciences	10695	3021	320	940
国家纳米科学中心 National Center for Nano Science and Technology of China	1801	458	123	132
过程工程研究所 Inst. of Processing Engineering	6148	3256	352	680
地理科学与资源研究所 Inst. of Geographical Sciences and Natural Resources Research	19906	5517	758	1478
青藏高原研究所 Inst. of Qinghai-Tibet Plateau	2886	573	116	280

续表 4-3

其他工资 Other salaries	社会保障费 Social security expenditure	公用支出 Public expenditure	公务费 Official business spending	业务费 Expenditure for professional activity	设备购置费 Expenditure for purchasing equipment	修缮费 Renovation fees	结转自筹基建 Balanced and transferred self-raised capital construction funds	专款支出 Designated expenditure
858	3532	15647	1849	3438	2977	4312	560	2816
9	6305	1738	536	429	599	94		43
35770	119982	712663	70499	374362	166585	45367	27093	12456
17907	59564	301750	37567	157907	68946	13631	9132	5280
527	1275	4974	1472	2848	507	91		206
1174	1789	12367	1390	4160	5688	1085		346
1135	2313	12935	789	10321	1362	414		105
4	129	1839	139	744	234	712		62
587	1565	6555	1066	3909	1075	412		8
844	3557	16914	3351	6685	3804	1713		632
1224	2053	16539	918	4979	5434	2198	1466	245
465	2283	6356	558	3295	1397	150	927	200
1847	2978	6532	1741	2010	1453	263	1058	59
254	1029	7269	1474	3325	1349	121	243	405
51	104	1341	35	587	640	68		
86	1532	2847	499	1660	578	81		44
354	1811	13919	5333	3930	4080	354		471
33	21	2303	319	1263	577	87		10

系统及单位 System and institute	合 计 Total	人员支出 Personnel expenditure	基本工资 Basic salary	补助工资 Subsidiary salary
遥感应用研究所 Inst. of Remote Sensing Application	7874	2262	259	555
地质与地球物理研究所 Inst. of Geology and Geophysics	17851	6276	986	2509
古脊椎动物与古人类研究所 Inst. of Vertebrate Paleontology and Paleoanthropology	2730	1249	162	406
大气物理研究所 Inst. of Atmospheric Physics	9415	3455	371	1061
植物研究所 Inst. of Botany	13948	6440	824	1201
动物研究所 Inst. of Zoology	9848	4165	343	1248
心理研究所 Inst. of Psychology	3244	1589	150	385
微生物研究所 Inst. of Microbiology	9649	3605	406	1303
生物物理研究所 Inst. of Biophysics	17201	4442	317	883
遗传与发育生物学研究所 Inst. of Genetics and Developmental Biology	14822	4759	547	1524
北京基因组研究所 Beijing Genomics Inst.	6167	257	81	50
计算技术研究所 Inst. of Computing Technology	27460	9325	931	1176
软件研究所 Inst. of Software	10971	4937	519	1580
半导体研究所 Inst. of Semiconductors	21498	6111	547	1171
微电子研究所 Inst. of Microelectronics	15066	3288	564	833
电子学研究所 Inst. of Electronics	35290	7518	619	1766
光电研究院 Institutes of Optoelectronics	6657	1421	174	538
自动化研究所 Inst. of Automation	10972	4602	508	1027

续表 4-3

其他工资 Other salaries	社会保障费 Social security expenditure	公用支出 Public expenditure	公务费 Official business spending	业务费 Expenditure for professional activity	设备购置费 Expenditure for purchasing equipment	修缮费 Renovation fees	结转自筹基建 Balanced and transferred self-raised capital construction funds	专款支出 Designated expenditure
192	727	5478	369	3704	897	257	229	133
190	1971	11075	1466	5641	2662	165		500
82	505	1388	252	725	306	89		93
34	1721	5770	706	3919	942	163		190
969	2902	7243	2198	2081	1335	1261		265
351	1682	5535	961	2523	1911	74		146
250	596	1583	307	633	380	12		74
140	1474	6008	655	3346	1384	323	300	36
542	2274	12682	1320	4819	6200	248		75
223	1849	9640	1074	6461	1939	156		424
109	8	5908	230	1228	542	76		2
1788	4413	18117	319	12288	1183	96	4000	19
670	1461	6024	1405	3540	610	144	200	11
716	2925	15355	1043	3368	8463	1047		33
46	1564	11586	334	6432	4657	160		192
748	3493	27744	1078	23943	2500	228	8	28
373	198	5235	535	3159	1026	102		
646	1083	6341	1694	2753	508	896		29

系统及单位 System and institute	合 计 Total	人员支出 Personnel expenditure	基本工资 Basic salary	补助工资 Subsidiary salary
电工研究所 Inst. of Electric Engineering	9572	4437	385	925
工程热物理研究所 Inst. of Engineering Thermophysics	5870	1749	226	454
空间科学与应用研究中心 Center for Space Science and Applied Research	20781	5771	322	1220
自然科学史研究所 Inst. of History of Natural Sciences	1491	799	87	338
科技政策与管理科学研究所 Inst. of Policy and Management	2451	827	104	371
山西省 Shanxi Province	11566	3872	688	852
山西煤炭化学研究所 Shanxi Inst. of Coal Chemistry	11566	3872	688	852
辽宁省 、山东省 Liaoning and Shandong provinces	79409	25012	3045	6715
大连化学物理研究所 Dalian Inst. of Chemical Physics	24491	8495	617	2148
沈阳应用生态研究所 Shenyang Inst. of Applied Ecology	6421	2194	255	812
沈阳自动化研究所 Shenyang Inst. of Automation	13535	3160	487	1179
金属研究所 Inst. of Metals Research	19678	5302	991	1530
海洋研究所 Inst. of Oceanology	15284	5861	695	1046
吉林省 Jilin Province	64938	18731	3538	4040
长春应用化学研究所 Changchun Inst. of Applied Chemistry	19245	5930	1140	1386
东北地理与农业生态研究所 Northeast Inst. of Geography and Agricultural Ecology	3977	1817	320	478
长春光学精密机械与物理研究所 Changchun Inst. of Optics，Fine Mechanics and Physics	41716	10984	2078	2176
上海市、福建省 Shanghai, Fujian Province	194952	50225	7311	20119

续表 4-3

其他工资 Other salaries	社会保障费 Social security expenditure	公用支出 Public expenditure	公务费 Official business spending	业务费 Expenditure for professional activity	设备购置费 Expenditure for purchasing equipment	修缮费 Renovation fees	结转自筹基建 Balanced and transferred self-raised capital construction funds	专款支出 Designated expenditure
583	1965	5128	1067	2331	1184	70		8
348	440	4110	402	1417	573	87	700	10
301	3340	14918	646	12533	1251	201		93
21	320	592	53	324	108	26	1	102
	214	1600	369	1023	207	1		24
558	1319	7685	318	3544	1545	1713	471	9
558	1319	7685	318	3544	1545	1713	471	9
2883	9001	53989	4948	27082	15027	3623	1218	410
1222	3322	15918	902	9533	4215	734		78
139	735	4150	323	2780	843	100		78
31	865	10330	1449	7285	1198	352		47
394	1526	14357	1175	4720	4686	1861	800	19
1097	2553	9234	1099	2764	4085	576	418	188
1715	7998	45616	5525	29303	6037	1648	2607	588
713	1900	13108	1805	4553	3487	625	2607	206
203	676	2114	456	961	424	143		45
799	5422	30394	3264	23789	2126	880		337
3702	12448	144173	6830	76734	36915	7313	9720	558

系统及单位 System and institute	合 计 Total	人员支出 Personnel expenditure	基本工资 Basic salary	补助工资 Subsidiary salary
上海应用物理研究所 Shanghai Inst. of Applied Physics	12436	4739	1212	1687
上海天文台 Shanghai Observatory	7086	1893	370	581
上海硅酸盐研究所 Shanghai Inst. of Ceramics	25034	4743	571	2286
上海有机化学研究所 Shanghai Inst. of Organic Chemistry	19232	4889	584	2158
上海生命科学研究院 Shanghai Institutes for Biological Sciences	44328	13148	1748	6084
上海微系统与信息技术研究所 Shanghai Inst. of Microsystem and Information Technology	23217	3960	543	688
上海光学精密机械研究所 Shanghai Inst. of Optics and Fine Mechanics	16967	5574	569	1969
上海技术物理研究所 Shanghai Inst. of Technical Physics	27126	5129	826	2141
上海药物研究所 Shanghai Inst. of Materia Medica	12470	3553	500	1745
福建物质结构研究所 Fujian Inst. of Research on the Structure of Matter	7056	2597	388	780
江苏省 Jiangsu Province	26587	10883	923	3063
紫金山天文台 Purple Mountain Observatory	7430	3187	331	1221
南京地理与湖泊研究所 Nanjing Inst. of Geography and Limnology	4163	1843	118	609
南京地质古生物研究所 Nanjing Inst. of Geology and Palaeontology	5524	2448	216	568
南京土壤研究所 Nanjing Inst. of Soil Science	9470	3405	258	665
安徽省 Anhui Province	28091	10330	1375	3106
合肥物质科学研究院 Hefei Institutes of Physical Sciences	28091	10330	1375	3106
湖北省、湖南省 Hubei and Hunan provinces	32597	12047	1941	2551

续表 4-3

其他工资 Other salaries	社会保障费 Social security expenditure	公用支出 Public expenditure	公务费 Official business spending	业务费 Expenditure for professional activity	设备购置费 Expenditure for purchasing equipment	修缮费 Renovation fees	结转自筹基建 Balanced and transferred self-raised capital construction funds	专款支出 Designated expenditure
272	1165	7676	1146	2157	2150	1833	375	21
263	504	5185	958	1835	930	281	1055	8
94	1177	20262	180	13590	3163	238	1847	29
485	1123	14264	290	6417	1957	267	1800	77
412	2725	31066	882	14621	10775	1983	1434	114
932	1141	19190	607	13153	4896	483	51	67
724	1582	11320	1751	4891	2979	858	800	76
322	1270	21928	236	14167	5323	847	1300	70
106	694	8903	591	4514	3241	231	235	15
92	1067	4379	189	1389	1501	292	823	81
1285	4197	15298	1467	7976	3091	1833		407
219	1163	4211	382	1883	1651	168		31
26	873	2307	426	1291	352	209		14
472	904	2880	229	1613	399	570		196
568	1257	5900	430	3189	689	886		166
761	3242	17702	905	9655	4713	824	841	59
761	3242	17702	905	9655	4713	824	841	59
1428	3911	20438	2027	10923	3829	3014	274	111

系统及单位 System and institute	合 计 Total	人员支出 Personnel expenditure	基本工资 Basic salary	补助工资 Subsidiary salary
武汉物理与数学研究所 Wuhan Inst. of Physics and Mathematics	4856	2248	396	338
武汉岩土力学研究所 Wuhan Inst. of Rock and Soil Mechanics	6707	3111	383	638
测量与地球物理研究所 Inst. of Geodesy and Geophysics	2142	1154	154	288
武汉植物园 Wuhan Botanical Garden	4976	1209	142	417
水生生物研究所 Inst. of Hydrobiology	8747	2334	575	354
武汉病毒研究所 Wuhan Inst. of Virology	3035	1319	182	358
亚热带农业生态研究所 Inst. of Subtropical Agriculture	2134	672	109	158
广东省 Guangdong Province	34294	10064	1648	2008
广州地球化学研究所 Guangzhou Inst. of Geochemistry	8718	2891	426	855
南海海洋研究所 South China Sea Inst. of Oceanology	9771	3162	568	347
华南植物园 South China Botanical Garden	10053	2793	383	530
广州能源研究所 Guangzhou Inst. of Energy Conversion	5752	1218	271	276
四川省 Sichuan Province	33420	11063	1665	3851
成都山地灾害与环境研究所 Chengdu Inst. of Mountain Hazards and Environment	4458	1437	271	269
成都生物研究所 Chengdu Inst. of Biology	4997	2345	335	664
光电技术研究所 Inst. of Optics and Electronics	23965	7281	1059	2918
云南省、贵州省 Yunnan and Guizhou provinces	23843	8972	1445	2344
昆明植物研究所 Kunming Inst. of Botany	5566	3001	522	713

续表 4-3

其他工资 Other salaries	社会保障费 Social security expenditure	公用支出 Public expenditure	公务费 Official business spending	业务费 Expenditure for professional activity	设备购置费 Expenditure for purchasing equipment	修缮费 Renovation fees	结转自筹基建 Balanced and transferred self-raised capital construction funds	专款支出 Designated expenditure
156	1034	2551	173	1138	966	224		58
893	813	3567	245	2604	394	169	67	28
217	242	983	220	544	73	146		6
22	376	3762	250	1347	354	1789		3
6	828	6401	878	3901	860	555	207	11
26	425	1714	203	617	695	75		2
108	193	1460	58	772	487	56		3
1935	3140	20658	1542	6901	4549	5671	881	3571
501	802	4961	216	2376	560	1740		865
671	967	5465	609	2439	1348	533	250	1143
735	858	6233	366	613	1202	3270	185	1027
28	513	3999	351	1473	1439	128	446	536
1330	3390	22325	1809	15475	2741	1389	531	30
215	450	3011	92	1841	468	562		10
209	819	2641	287	1026	777	291		11
906	2121	16673	1430	12608	1496	536	531	9
1045	2903	13673	1222	6425	3938	1170	337	1195
683	667	2555	228	1076	671	359		9

系统及单位 System and institute	合 计 Total	人员支出 Personnel expenditure	基本工资 Basic salary	补助工资 Subsidiary salary
昆明动物研究所 Kunming Inst. of Zoology	6267	1540	325	439
西双版纳热带植物园 Xishuangbanna Tropical Botanical Garden	5600	2472	287	687
地球化学研究所 Inst. of Geochemistry	6410	1959	311	505
陕西省 Shaanxi Province	26717	6221	1319	1339
西安光学精密机械研究所 Xi'an Inst. of Optics and Precision Mechanics	13546	3878	876	605
地球环境研究所 Inst. of Earth Environment	2597	281	36	120
国家授时中心 National Time Service Center	10574	2062	407	614
甘肃省、青海省 Gansu and Qinghai provinces	36313	13152	2218	3667
近代物理研究所 Inst. of Modern Physics	10793	3545	664	831
兰州化学物理研究所 Lanzhou Inst. of Chemical Physics	6775	2955	406	837
寒区旱区环境与工程研究所 Cold and Arid Regions Environmental and Engineering Research Inst.	13122	3909	689	1281
青海盐湖研究所 Qinghai Inst. of Saline Lakes	2603	1607	295	364
西北高原生物研究所 Northwest Inst. of Plateau Biology	3020	1136	164	354
新疆维吾尔自治区 Xinjiang Uygur Autonomous Region	9314	3373	672	942
新疆理化技术研究所 Xinjiang Technical Inst. of Physics and Chemistry	2554	1216	340	153
新疆生态与地理研究所 Xinjiang Inst. of Ecology and Geography	6760	2157	332	789

续表 4-3

其他工资 Other salaries	社会保障费 Social security expenditure	公用支出 Public expenditure	公务费 Official business spending	业务费 Expenditure for professional activity	设备购置费 Expenditure for purchasing equipment	修缮费 Renovation fees	结转自筹基建 Balanced and transferred self-raised capital construction funds	专款支出 Designated expenditure
37	545	3913	381	2408	1053	70		813
246	907	3095	340	1363	469	465	337	33
79	784	4110	273	1578	1745	276		340
621	2007	20416	1705	8437	8723	630	378	80
538	1290	9592	1422	5154	2758	56	58	77
27	34	2315	63	1516	241	22	320	
56	683	8509	220	1767	5724	552		3
302	5774	23024	3843	11214	5311	1849	703	132
82	1683	7219	2083	1878	2454	460	305	28
65	1375	3806	746	2076	739	229		15
33	1490	9139	564	5968	1504	739	364	72
44	773	992	278	268	269	164		3
78	453	1868	172	1024	345	257	34	14
298	1088	5916	791	2786	1220	1059		26
142	464	1335	371	370	381	172		4
156	624	4581	420	2416	839	887		22

主要统计指标解释

1. 事业单位总收入情况

财政补助收入 指单位从财政部门取得的科学事业费、房改经费。

拨入专款 指单位从没有直接部门预算管理关系的财政部门、上级单位或其他单位取得的有指定用途的专项资金，如从人事部取得的政府津贴、院士津贴。

事业收入 指单位开展专业业务活动及其辅助活动取得的收入，包括科研收入、技术收入、学术活动收入、科普活动收入、试制产品收入、预算外资金收入等。

科研收入 指单位承担科研课题(项目)和接受委托研制样品样机取得的收入，包括事业单位承担国家科研项目取得的收入，如国家“科技三项费用”项目、“国家自然科学基金”项目、“863”项目等；同时包括事业单位承担地方有关部门及企业的各类科研任务取得的收入。

技术收入 指单位对外提供技术转让、技术咨询、技术服务、技术培训、技术承包和技术开发取得的收入。

试制产品收入 指单位经过国家有关部门批准从事中间试验产品的试制取得的收入(不含科技三项费用中的中间试验费)。

预算外资金收入 指单位按照国家有关规定，为履行或代行政府职能，依据国家法律、法规和具有法律效力的规章而收取的纳入预算外资金专户管理的各种行政事业性收费等。

经营收入 指单位在专业业务活动及其辅助活动之外开展非独立核算的经营活动取得的收入，包括产品(商品)销售收入、经营服务收入、工程承包收入、租赁收入和其他经营收入。

其他收入 指单位除上述收入以外的其他收入，如投资收益、利息收入、捐赠收入、上级补助收入、附属单位缴款等。

2. 事业单位总支出情况

人员支出 指单位用各种经费开支的基本工资、补助工资、其他工资、职工福利费、社会保障费、助学金。

基本工资 主要指按国家有关规定支付给工作人员的固定工资及规定比例的津贴。

补助工资 指按国家有关规定支付给工作人员的津贴、补贴，包括各项岗位津贴、价格补贴、地方性补贴、冬季取暖补贴、夜餐补贴、职工上下班交通补贴、加班费等。

其他工资 主要指在基本工资、补助工资之外发给在职人员的属于国家规定工资总额组成范围的各种津贴、补贴。

社会保障费 指按国家有关规定支付给离退休人员的离退休金、津贴、补贴及单位按国家规定缴纳的各项基本社会保险金等。

公用支出 指单位用各种经费开支的公务费、设备购置费、修缮费、业务费、其他费用。

公务费 指用于组织和管理专业业务及其辅助活动发生的支出，主要包括办公费、邮电通信费、水电费、公用取暖费、车船油料费等。

业务费 指在开展专业业务及其辅助活动过程中发生的支出，主要包括消耗的各种原材料、计算测试费、燃料动力费、会议费、差旅费、外事活动费等。

设备购置费 指不属于基本建设支出，应按固定资产管理的科研、生产、开发、经营以及办公设备的购置支出，主要包括各种仪器设备、车辆、图书等购置费以及按规定提取的修购基金。

修缮费 指用于单位公用房屋、建筑物以及附属设备的修缮支出，按照国家规定不够基本建设投资额度的零星土建工程支出以及按规定提取的修购基金。

结转自筹基建 指单位经国家有关部门批准并纳入基本建设计划，用财政补助收入以外的资金安排的基本建设项目支出。

专款支出 指单位用上述“拨入专款”开支的费用。

Explanatory Notes on Key Indicators

1. Total income of CAS institutions

Financial subsidiary income This refers to the operating funds for scientific research, and house subside obtained from the financial departments.

Special funds allocated This refers to the special funds for designated use obtained from the financial departments, higher authorities or other units, such as government allocations and allocations for CAS Members from the Ministry of Personnel Management.

Operating income This refers to the income obtained by performing professional activities and auxiliary work, including scientific research, technology, scientific activities, popular science activities and production of pilot products, and income from non-budgetary funds.

Scientific research income This refers to the income acquired by undertaking scientific research tasks (projects) and accepting assignments to develop samples and prototypes. It includes income for undertaking State scientific research projects, such as the “Three sums of science and technology funds”, “National Natural Science Foundation funds”, “863” Program funds, etc. It also includes income obtained from the local departments and enterprises by the institutions by undertaking various research tasks.

Technology income This refers to the income obtained from offering external technology transfer, technology consultation, technology service, technology training, technology contracting and technology development.

Income from trial-production of products This refers to the income obtained by producing pilot experimental products (not including allowance for pilot experiments in the “three sums of science and technology funds”) approved by the relevant State departments.

Income from non-budgetary funds This refers to various kinds of revenues (which are not included in the State budgetary management system) collected by the institution in performing or acting the functions on government behalf according to the State laws, regulations and rules which have the legal effects.

Business income This refers to the income acquired by carrying out non-independent accounting business activities other than professional and auxiliary work, including product (commodity) sales income, business service income, project contracting income, renting income and other business income.

Other income This refers to income other than the above-mentioned items, such as income from investment, interest, donation, subsidies from superior organizations,funds provided by affiliated units, etc.

2. Total expenditure of CAS institutions

Personnel expenditure This refers to the spending from various kinds of funds, such as basic salary, subsidiary salary and other salaries, welfare expenditure, social security expenditure, and people’s grant-in-aid.

Basic salary This refers to the basic salary and proportioned allowance paid to the staff according to the relevant State policies.

Subsidiary salary This refers to the allowance and subsidies paid to the staff according to the relevant State policies, including working post allowance, inflation subsidies, local allowance, allowance for winter heating, night snack allowance, traffic allowance for the staff to and back from work, and overtime pay, etc.

Other salaries This mainly refers to the allowances and subsidies paid to the on-job staff, which is the components of the total salary set according to the relevant State policies. This item is not included in the basic salary and subsidiary salary.

Social security expenditure This refers to the pension, allowance or subsidies paid to the retired personnel according to the relevant State policy, and various basic social insurance premium paid by the units according to the State policy.

Public expenditure This refers to the spending from various kind of funds, such as official business spending, expenditure for professional activities, expenditure for purchasing equipment, renovation fees and others.

Official business spending This refers to the expenses for organizing and managing professional work and auxiliary activities, mainly including expenses on administration, postage and communications, water and electricity, winter heating, vehicles and fuel, etc.

Expenditure for professional activity This refers to the expenses occurred in the process of carrying out professional work and auxiliary activities, mainly including raw and processed materials consumed, computation and testing, fuel and power, expenses for attending conferences and making business trips, etc.

Expenditure for purchasing equipment This refers to the expenses spent on equipment purchasing for scientific research, production, development, business operation and office instruments, which does not fall into the category of capital construction expenditure and is managed as fixed assets. It mainly includes expenses for purchasing various kinds of instruments and equipment, vehicles, books, etc., according to the relevant policies.

Renovation fee This refers to fees for renovating public houses, buildings and attached facilities, expenses of minor civil engineering which are less than the investment quota set for capital construction, and the renovation/purchasing fees drawn according to the relevant policies.

Balanced and transferred self-raised capital construction funds This refers to the expenditure from non financial subsidiary funds for capital construction projects which are approved by the State departments concerned and which are included in the capital construction plan of the year.

Designated expenditure This refers to the expenses paid from above-mentioned “Designated funds” .

五、基本建设

CAPITAL CONSTRUCTION

5-1 基本建设总体情况

General Information of Capital Construction

年 份 Year	完成投资（万元）Investment completed (ten thousand yuan)	国家及院拨款 State & CAS funds	建设单位自筹 Self-raised funds by construction unit	贷 款 Loan	竣工面积(万平方米) Floor space completed (10 000 square meter)
1950~1952	276				2.05
1953~1957	9123				51.23
1958~1962	20972				79.40
1963~1965	12600				33.88
1966~1970	9139				15.37
1971~1975	7835				56.66
1976~1980	50306				113.26
1981	13600				36.78
1982	15039				34.66
1983	14537				27.04
1984	16114				32.83
1985	17108	346			24.23
1986	21908	252			28.30
1987	27412	281			20.31
1988	28266	240			24.70
1989	29384	240			29.87
1990	23484	240			37.36
1991	30306	1971			23.17
1992	36636	5000			28.72
1993	38427	4809		3100	25.83
1994	40787	10000		3000	23.95
1995	44480	10000		2600	23.51
1996	48122	15982		700	22.66
1997	65936	25346			24.81
1998	91409	32387			29.46
1999	103721	48879			32.84
2000	140591	74192			45.30
2001	221479	95910	124869	700	53.88
2002	314274	175092	130111	9071	84.78
2003	342450	197664	144786		70.05
2004	242432	178013	62015	2405	76.02
2005	227700	161675	66025		42.41

5-2 基本建设投资完成情况(2005 年)

Capital Construction Expenditure: 2005

单位: 万元 (ten thousand yuan)

项　目 Project	完成投资 Investment completed	国家及院拨款 State & CAS funds	建设单位自筹 Self-raised funds by construction unit	贷　款 Loan
总　计 Total	**227700**	**161675**	**66025**	
一、大科学工程 Mega-science projects	56600	56600		
二、知识创新工程基建专项 Special capital construction fund for Knowledge Innovation Program	158768	102100	56668	
科研用房改造建设 Renovation & construction for scientific research building	116143	75261	40882	
园区基础设施改造建设 Infratructure renovation & construction of institute campuses	17740	15118	2622	
教育基础设施改造建设 Reconstruction of educational infrastructure	13542	4491	9051	
流动人员公寓 Apartment for the floating staff	11343	7230	4113	
三、住宅建设 Construction of housing	9357		9357	
四、标本馆改造建设 Reconstruction of herbariums	2975	2975		

5-3 基本建设建筑面积完成情况(2005 年)

Floor Space Completed: 2005

单位: 万平方米 (10 000 square meter)

项　目 Project	在建面积 Floor space under construction	新开面积 Floor space started	竣工面积 Floor space completed	改造面积 Floor space reconstructed
总　计 Total	**71.32**	**61.92**	**47.10**	**16.95**
一、大科学工程 Mega-science projects	6.56	6.56		
二、知识创新工程基建专项 Special capital construction fund for Knowledge Innovation Program	44.35	35.36	42.41	16.89
科研用房改造建设 Renovation & construction for scientific research building	26.77	20.63	41.14	16.09
园区基础设施改造建设 Infratructure renovation & construction of institute campuses	1.04	0.88	0.88	0.41
教育基础设施改造建设 Reconstruction of educational infrastructure	3.84	1.85		
流动人员公寓 Apartment for the floating staff	12.70	12.00	0.39	0.39
三、住宅建设 Construction of housing	20.41	20.00	4.69	0.06
四、标本馆改造建设 Reconstruction of herbariums				

六、科技活动

SCIENTIFIC AND TECHNOLOGICAL ACTIVITIES

6-1 科研机构人员概况

Staff of CAS Research Institutions

年 份 Year	正式职工 (人) Regular staff (person)	从事科技活动人员 S&T activity personnel	其中：女性 Of which:Femal	科学家和工程师 Scientists & engineers
1985	69650	58220	19820	32174
1986	70510	60107	20509	34495
1987	66855	53727	18410	35034
1988	67554	56939	19419	36648
1989	67451	56895	19209	37587
1990	67547	56199	18536	38133
1991	67558	56029	18645	37668
1992	66608	54293	18070	37642
1993	64273	50584	16856	36199
1994	61641	46344	15393	33749
1995	59008	42934	14186	32446
1996	56245	41392	13598	32032
1997	53191	38104	12484	29798
1998	50271	33963	11373	27139
1999	47487	31205	10290	25450
2000	44772	29648	9547	24426
2001	40853	26391	8376	22105
2002	36679	23600	7455	20225
2003	35201	23218	7398	19108
2004	34847	23830	7550	20027
2005	35394	24755	7840	20446

注: S&T—Science and Technology.

6-2 科研机构职工按工作性质分类(2005 年)

Statistics of CAS Staff, by Nature of Work: 2005

单位：人 (person)

地区及学科 Region and field	从事科技活动人员 S&T activity personnel	科技管理人员 S&T management personnel	课题活动人员 Project activity personnel	科技服务人员 S&T service personnel	从事生产经营活动人员 Production and business activity personnel	生活后勤服务人员 Logistics service personnel
总计 Total	**24755**	**2975**	**17770**	**4010**	**3027**	**2896**
一、按地区、分院分 By region and branch						
北京地区 Beijing Area	9189	1151	6811	1227	667	949
沈阳分院 Shenyang Branch	2076	241	1597	238	175	183
长春分院 Changchun Branch	1661	212	1212	237	730	264
上海分院 Shanghai Branch	4038	427	2858	753	567	414
南京分院 Nanjing Branch	571	59	422	90	82	35
合肥地区 Hefei Area	1010	86	706	218	138	218
武汉分院 Wuhan Branch	742	91	491	160	97	115
广州分院 Guangzhou Branch	904	112	608	184	40	143
成都分院 Chengdu Branch	1036	116	653	267	223	135
昆明分院 Kunming Branch	714	116	454	144	29	112
西安分院 Xi'an Branch	640	124	339	177	151	113
兰州分院 Lanzhou Branch	1421	176	1010	235	73	170
新疆分院 Xinjiang Branch	401	34	302	65	55	38
太原地区 Taiyuan Area	352	30	307	15		7
二、按学科分 By field						
数学、物理 Mathematics & physics	5610	628	3885	1097	632	829
化学与化工 Chemistry & chemical engineering	3687	442	2770	475	174	352
地学 Earth sciences	3729	504	2592	633	103	437
生物学 Biological sciences	4628	587	3303	738	299	476
技术科学 Technological sciences	6975	793	5130	1052	1819	794
其他 Others	126	21	90	15		8

注：此表不包括不在岗人员。

Note: This table does not include the personnel who are not on the working posts.

6-3 科研机构科技

Amount of Fund-Raising for S&T

单位：千元

地区及学科 Region and field	科技经费筹集额 Amount of Fund-Raising for S&T	政府资金 Government funds	财政补助收入 Income from government subsidy	承担政府科研项目收入 Undertaking government research projects	地方政府资金 Funds from local government	技术性收入 Technical income
总计 Total	**10410318**	**8356419**	**4285616**	**3640725**	**344366**	**1273061**
一、按地区、分院分 By region and branch						
北京地区 Beijing Area	4368465	3793186	1947102	1670262	98806	371357
沈阳分院 Shenyang Branch	816903	601824	279115	303624	16844	144501
长春分院 Changchun Branch	586054	509449	186823	313389	7061	23721
上海分院 Shanghai Branch	2093979	1511796	760857	668672	87470	385516
南京分院 Nanjing Branch	287767	246914	147478	88844	9837	25585
合肥地区 Hefei Area	234672	202662	139671	59065	3790	15581
武汉分院 Wuhan Branch	266260	217278	112826	65463	33646	39776
广州分院 Guangzhou Branch	298318	236748	145816	50578	38028	49607
成都分院 Chengdu Branch	340000	256685	99323	141070	16143	49788

经费筹集额(2005 年)

Activities in CAS Research units: 2005

(thousand yuan)

其中:来自企业 Of which: From enterprises	技术开发收入 Income from technological development	技术转让收入 Income from technology transfer	技术咨询及服务收入 Income from technical consultation and service	用于科技活动的贷款 Loans for S&T activities	国外资金 Funds from abroad	其他资金 Other funds
636352	**837223**	**128116**	**229214**	**219600**	**130650**	**430588**
246783	216758	39369	86613		41914	162008
104783	72549	36168	31232		30888	39690
1417	10459	9876	1337	45000	3164	4720
130211	279967	37204	61508	29600	27952	139115
1348	22321				3066	12202
9804	13630	380			393	16036
27210	21472	210	16203		3874	5332
30592	23990	120	18550		3287	8676
49217	46578		3210		455	33072

地区及学科 Region and field	科技经费筹集额 Amount of Fund-Raising for S&T	政府资金 Government funds				技术性收入 Technical income
			财政补助收入 Income from government subsidy	承担政府科研项目收入 Undertaking government research projects	地方政府资金 Funds from local government	
昆明分院 Kunming Branch	179275	136734	99526	32020	4988	29459
西安分院 Xi'an Branch	445791	218882	59811	158826	197	79922
兰州分院 Lanzhou Branch	323223	284775	220876	48590	15126	28833
新疆分院 Xinjiang Branch	81297	76581	50339	14410	11590	4026
太原地区 Taiyuan Area	88314	62905	36053	25912	840	25389
二、按学科分 By field						
数学、物理 Mathematics & physics	2260634	1912251	1232697	638674	32332	285375
化学与化工 Chemistry & chemical engineering	1606748	1027148	593410	407341	32405	419804
地学 Earth sciences	1208848	1016213	575121	302217	130922	123209
生物学 Biological sciences	1816511	1500589	825132	582375	85220	172177
技术科学 Technological sciences	3481214	2865687	1031597	1705944	61056	270786
其他 Others	36363	34531	27659	4174	2431	1710

续表 6-3

其中:来自企业 Of which: From enterprises	技术开发收 入 Income from technological development	技术转让收 入 Income from technology transfer	技术咨询及服务收入 Income from technical consultation and service	用于科技活动的贷款 Loans for S&T activities	国外资金 Funds from abroad	其他资金 Other funds
1323	5202	869	2653		7839	5243
891	78987			145000		1987
10507	24434	420	3044		7129	2486
3117	1727		2299		689	1
19149	19149	3500	2565			20
148863	189356	15659	67458		3176	59832
222983	277098	88538	48974	45000	34672	80124
67122	57734	200	53919		23593	45833
51720	72832	15142	42705	29600	50304	63841
144577	240203	8577	14467	145000	18805	180936
1087			1691		100	22

地区及学科 Region and field	科技经费筹集额 Amount of Fund-Raising for S&T	政府资金 Government funds	财政补助收入 Income from government subsidy	承担政府科研项目收入 Undertaking government research projects	地方政府资金 Funds from local government	技术性收入 Technical income
三、按科研单位分 By institute						
北京市 Beijing	4368465	3793186	1947102	1670262	98806	371357
数学与系统科学研究院 Academy of Mathematics & Systems Science	73875	68774	52726	14546	1502	3491
物理研究所 Inst. of Physics	228352	217128	145476	69372	1750	7751
声学研究所 Inst. of Acoustics	225707	198238	67964	129659		25951
理论物理研究所 Inst. of Theoretical Physics	30488	30488	12817	17671		
高能物理研究所 Inst. of High Energy Physics	204440	177367	167541	9826		15346
国家天文台 National Astronomical Observatories of China	229187	204906	107490	94501	522	24281
力学研究所 Inst. of Mechanics	90463	71194	39734	30529		13670
理化技术研究所 Technical Inst. of Physics and Chemistry	116528	67400	42217	22828	2160	49128
化学研究所 Inst. of Chemistry	191318	174252	125940	47642		15448
生态环境研究中心 Research Center for Eco-Environmental Sciences	130120	111251	46937	58109	6205	11574

其中:来自企业 Of which: From enterprises	技术开发收 入 Income from technological development	技术转让收 入 Income from technology transfer	技术咨询及服务收入 Income from technical consultation and service	用于科技活动的贷款 Loans for S&T activities	国外资金 Funds from abroad	其他资金 Other funds
246783	216758	39369	86613		41914	162008
						1610
1646	339	1000	2396		397	3076
25951	15912	7563	2476			1518
10112	15212				2213	9514
	24275					
9770	5315		8289		173	5426
49128	5918	5661	37549			
15448	1864	11600	1984			1618
9537	10391	648	535		2475	4820

地区及学科 Region and field	科技经费筹集额 Amount of Fund-Raising for S&T	政府资金 Government funds	财政补助收入 Income from government subsidy	承担政府科研项目收入 Undertaking government research projects	地方政府资金 Funds from local government	技术性收入 Technical income
国家纳米科学中心 National Center for Nano Science and Technology of China	31011	30367	15657	14710		
过程工程研究所 Inst. of Process Engineering	78179	47228	24709	22519		25916
遥感应用研究所 Inst. of Remote Sensing Application	83733	58446	25992	32454		5704
地理科学与资源研究所 Inst. of Geographic Sciences and Natural Resources Research	179297	143251	91808	30954	15407	23643
青藏高原研究所 Inst. of Qinghai-Tibet Plateau	29461	20867	4570	16297		7832
古脊椎动物与古人类研究所 Inst. of Vertebrate Paleontology and Paleoanthropology	23695	17458	12429	5029		5230
地质与地球物理研究所 Inst. of Geology and Geophysics	142011	124251	48701	30914	44638	17760
大气物理研究所 Inst. of Atmospheric Physics	85437	83148	52703	29272	652	1089
植物研究所 Inst. of Botany	126724	109177	82093	23014	3980	13036
动物研究所 Inst. of Zoology	95828	91598	58607	22190	6644	1899
心理研究所 Inst. of Psychology	28010	13954	10916	2302		4910
微生物研究所 Inst. of Microbiology	97542	83839	62768	21071		11820

续表 6-3

				用于科技活动的贷款 Loans for S&T activities	国外资金 Funds from abroad	其他资金 Other funds
其中:来自企业 Of which: From enterprises	技术开发收入 Income from technological development	技术转让收入 Income from technology transfer	技术咨询及服务收入 Income from technical consultation and service			
						644
25312	25269	50	359		1251	3784
5504	2381		2461		2181	17402
3675	23643				10997	1406
					762	
	4104					1007
17760			17760			
	700				1147	53
7661	6571	600	3640		152	4359
					2331	
	4910					9146
	3255	4250	3482		1883	

地区及学科 Region and field	科技经费筹集额 Amount of Fund-Raising for S&T	政府资金 Government funds	财政补助收入 Income from government subsidy	承担政府科研项目收入 Undertaking government research projects	地方政府资金 Funds from local government	技术性收入 Technical income
生物物理研究所 Inst. of Biophysics	122486	111018	64633	46385		5307
遗传与发育生物学研究所 Inst. of Genetics and Developmental Biology	123298	113663	58201	53643	1819	220
北京基因组研究所 Beijing Genomics Inst.	69911	69911	61331	8580		
计算技术研究所 Inst. of Computing Technology	199611	164069	67769	91690	4320	11243
软件研究所 Inst. of Software	144514	132811	37755	92219	2837	6761
半导体研究所 Inst. of Semiconductors	170412	153785	49413	45200	60	3071
微电子研究所 Inst. of Microelectronics	83339	78768	53758	25010		4571
电子学研究所 Inst. of Electronics	325137	286244	47905	238196		4870
自动化研究所 Inst. of Automation	123430	97341	41541	52370	3430	21349
光电研究院 Institutes of Optoelectronics	133236	121047	38410	82637		11586
电工研究所 Inst. of Electric Engineering	86576	70101	31057	38965	79	3681
工程热物理研究所 Inst. of Engineering Thermophysics	49822	37704	25286	12418		11286

续表 6-3

其中:来自企业 Of which: From enterprises	技术开发收入 Income from technological development	技术转让收入 Income from technology transfer	技术咨询及服务收入 Income from technical consultation and service	用于科技活动的贷款 Loans for S&T activities	国外资金 Funds from abroad	其他资金 Other funds
5307	2626	971	430		1655	4506
220	220				3805	5610
8461	8796				2331	21968
6206	5226	745	345		4400	542
612	455		2616			13556
3442	4571					
3884	3884					34023
21026	21026				1602	3138
	11586					603
3681		3681			1227	11567
11286	8086	2600	600		832	

地区及学科 Region and field	科技经费筹集额 Amount of Fund-Raising for S&T	政府资金 Government funds	财政补助收入 Income from government subsidy	承担政府科研项目收入 Undertaking government research projects	地方政府资金 Funds from local government	技术性收入 Technical income
空间科学与应用研究中心 Center for Space Science and Applied Research	178924	177611	42589	133366	370	223
自然科学史研究所 Inst. of History of Natural Sciences	13301	13242	11541	737	964	59
科技政策与管理科学研究所 Inst. of Policy and Management	23062	21289	16118	3437	1467	1651
山西省 Shanxi Province	88314	62905	36053	25912	840	25389
山西煤炭化学研究所 Shanxi Inst. of Coal Chemistry	88314	62905	36053	25912	840	25389
辽宁省、山东省 Liaoning and Shandong provinces	816903	601824	279115	303624	16844	144501
大连化学物理研究所 Dalian Inst. of Chemical Physics	280308	162483	58509	100998	2003	65050
沈阳应用生态研究所 Shenyang Inst. of Applied Ecology	68463	49763	37534	10782	886	17646
沈阳自动化研究所 Shenyang Inst. of Automation	141085	117514	52030	62394	3090	23426
金属研究所 Inst. of Metals Research	238803	196596	98577	90647	7372	31548
海洋研究所 Inst. of Oceanology	88244	75468	32465	38803	3493	6831
吉林省 Jilin Province	586054	509449	186823	313389	7061	23721

续表 6-3

其中: 来自企业 Of which: From enterprises	技术开发收入 Income from technological development	技术转让收入 Income from technology transfer	技术咨询及服务收入 Income from technical consultation and service	用于科技活动的贷款 Loans for S&T activities	国外资金 Funds from abroad	其他资金 Other funds
67	223					1090
			40			
1087			1651		100	22
19149	19149	3500	2565			20
19149	19149	3500	2565			20
104783	72549	36168	31232		30888	39690
63075	7576	33418	22913		28132	24643
5385	11794	2750	1181		1054	
23029	22781		307		145	
6463	30398				1476	9183
6831			6831		81	5864
1417	10459	9876	1337	45000	3164	4720

地区及学科 Region and field	科技经费筹集额 Amount of Fund-Raising for S&T	政府资金 Government funds	财政补助收入 Income from government subsidy	承担政府科研项目收入 Undertaking government research projects	地方政府资金 Funds from local government	技术性收入 Technical income
长春应用化学研究所 Changchun Inst. of Applied Chemistry	177770	114104	80405	32331	2167	18305
东北地理与农业生态研究所 Northeast Inst. of Geography and Agricultural Ecology	23775	21594	15543	4113	1526	1573
长春光学精密机械与物理研究所 Changchun Inst. of Optics, Fine Mechanics and Physics	384509	373751	90875	276945	3368	3843
上海市、福建省 Shanghai,Fujian Province	2093979	1511796	760857	668672	87470	385516
上海应用物理研究所 Shanghai Inst. of Applied Physics	245304	221952	218651	3092		13860
上海天文台 Shanghai Observatory	91931	80639	28289	50457	1893	7606
上海硅酸盐研究所 Shanghai Inst. of Ceramics	306487	103486	59608	37734	9644	199414
上海有机化学研究所 Shanghai Inst. of Organic Chemistry	190305	113208	71518	35065	6625	43887
上海药物研究所 Shanghai Inst. of Materia Medica	109977	63788	37275	18497	8015	28882
上海生命科学研究院 Shanghai Institutes for Biological Sciences	442457	360884	83534	252425	24925	26426
上海微系统与信息技术研究所 Shanghai Inst. of Microsystem and Information Technology	188591	140575	83414	33356	23805	6977

续表 6-3

其中:来自企业 Of which: From enterprises	技术开发收入 Income from technological development	技术转让收入 Income from technology transfer	技术咨询及服务收入 Income from technical consultation and service	用于科技活动的贷款 Loans for S&T activities	国外资金 Funds from abroad	其他资金 Other funds
	7725	9796		45000	361	
1417	156	80	1337		13	595
	2578				2790	4125
130211	279967	37204	61508	29600	27952	139115
13860	12340	1055				9492
	7583					3686
36200	160307	28600	10229		1809	1778
43887	31916	506	9372			33210
26208		5492	23390		16511	796
1687	14919		7732	29600	7887	17660
515	3439	1551	1987		1702	39337

地区及学科 Region and field	科技经费筹集额 Amount of Fund-Raising for S&T	政府资金 Government funds				技术性收入 Technical income
			财政补助收入 Income from government subsidy	承担政府科研项目收入 Undertaking government research projects	地方政府资金 Funds from local government	
上海光学精密机械研究所 Shanghai Inst. of Optics and Fine Mechanics	205003	163759	91912	65694	5395	37122
上海技术物理研究所 Shanghai Inst. of Technical Physics	261591	222737	61577	156663	3716	18549
福建物质结构研究所 Fujian Inst. of Research on the Structure of Matter	52333	40768	25079	15689	3452	2793
江苏省 Jiangsu Province	287767	246914	147478	88844	9837	25585
紫金山天文台 Purple Mountain Observatory	115177	93675	68701	24906		17245
南京地理与湖泊研究所 Nanjing Inst. of Geography and Limnology	46615	39983	18760	12026	9137	88
南京地质古生物研究所 Nanjing Inst. of Geology and Palaeontology	40499	39216	27777	11054		416
南京土壤研究所 Nanjing Inst. of Soil Science	85476	74040	32240	40858	700	7836
安徽省 Anhui Province	234672	202662	139671	59065	3790	15581
合肥物质科学研究院 Hefei Institutes of Physical Sciences	234672	202662	139671	59065	3790	15581
湖北省、湖南省 Hubei and Hunan provinces	266260	217278	112826	65463	33646	39776
武汉物理与数学研究所 Wuhan Inst. of Physics and Mathematics	34820	33805	21844	11685	60	922

续表 6-3

其中: 来自企业 Of which: From enterprises	技术开发收入 Income from technological development	技术转让收入 Income from technology transfer	技术咨询及服务收入 Income from technical consultation and service	用于科技活动的贷款 Loans for S&T activities	国外资金 Funds from abroad	其他资金 Other funds
814	32960		4162		43	4079
4450	14099		4450			20305
2590	2404		186			8772
1348	22321				3066	12202
	14705					4257
						6544
	416					867
1348	7200				3066	534
9804	13630	380			393	16036
9804	13630	380			393	16036
27210	21472	210	16203		3874	5332
72	72		610			93

地区及学科 Region and field	科技经费筹集额 Amount of Fund-Raising for S&T	政府资金 Government funds	财政补助收入 Income from government subsidy	承担政府科研项目收入 Undertaking government research projects	地方政府资金 Funds from local government	技术性收入 Technical income
武汉岩土力学研究所 Wuhan Inst. of Rock and Soil Mechanics	73101	45052	15647	7926	18268	24577
测量与地球物理研究所 Inst. of Geodesy and Geophysics	20402	19166	12697	5462	950	705
武汉植物园 Wuhan Botanical Garden	37518	27839	12752	1140	12090	7587
水生生物研究所 Inst. of Hydrobiology	67315	63557	32042	29813	1702	2367
武汉病毒研究所 Wuhan Inst. of Virology	33104	27859	17844	9437	576	3618
广东省 Guangdong Province	298318	236748	145816	50578	38028	49607
广州地球化学研究所 Guangzhou Inst. of Geochemistry	74439	67385	28155	30195	9035	7054
南海海洋研究所 South China Sea Inst. of Oceanology	86685	59927	37603	6328	15713	25361
华南植物园 South China Botanical Garden	78059	64623	52160	3223	9240	11647
广州能源研究所 Guangzhou Inst. of Energy Conversion	37278	25028	14153	5850	3017	4634
亚热带农业生态研究所 Inst. of Subtropical Agriculture	21857	19785	13745	4982	1023	911
四川省 Sichuan Province	340000	256685	99323	141070	16143	49788

其中：来自企业 Of which: From enterprises	技术开发收入 Income from technological development	技术转让收入 Income from technology transfer	技术咨询及服务收入 Income from technical consultation and service	用于科技活动的贷款 Loans for S&T activities	国外资金 Funds from abroad	其他资金 Other funds
24577	9835		14742			3472
	705				100	431
487	6329				1914	178
1639	1639		457		584	807
435	2892	210	394		1276	351
30592	23990	120	18550		3287	8676
1197	4906		2000			
24741	8435	120	16550		600	797
20	5169					1789
4634	4634				2257	5359
	846				430	731
49217	46578		3210		455	33072

地区及学科 Region and field	科技经费筹集额 Amount of Fund-Raising for S&T	政府资金 Government funds	财政补助收入 Income from government subsidy	承担政府科研项目收入 Undertaking government research projects	地方政府资金 Funds from local government	技术性收入 Technical income
成都山地灾害与环境研究所 Chengdu Inst. of Mountain Hazards and Environment	53683	40143	22025	6249	11869	3210
成都生物研究所 Chengdu Inst. of Biology	41951	28257	17414	6569	4274	571
光电技术研究所 Inst. of Optics and Electronics	244366	188285	59884	128252		46007
云南省、贵州省 Yunnan and Guizhou provinces	179275	136734	99526	32020	4988	29459
地球化学研究所 Inst. of Geochemistry	37915	34875	24784	8712	1179	1965
昆明植物研究所 Kunming Inst. of Botany	50750	44744	33633	9974	1137	197
西双版纳热带植物园 Xishuangbanna Tropical Botanical Garden	68442	40302	37442	1403	1457	26497
昆明动物研究所 Kunming Inst. of Zoology	22168	16813	3667	11931	1215	800
陕西省 Shaanxi Province	445791	218882	59811	158826	197	79922
地球环境研究所 Inst. of Earth Environment	20895	20895	14589	6258		
西安光学精密机械研究所 Xi'an Inst. of Optics and Precision Mechanics	284987	117961	43692	74072	197	20039
国家授时中心 National Time Service Center	139909	80026	1530	78496		59883

续表 6-3

其中：来自企业 Of which: From enterprises	技术开发收入 Income from technological development	技术转让收入 Income from technology transfer	技术咨询及服务收入 Income from technical consultation and service	用于科技活动的贷款 Loans for S&T activities	国外资金 Funds from abroad	其他资金 Other funds
3210			3210		455	9875
	571					13123
46007	46007					10074
1323	5202	869	2653		7839	5243
	1311		654		83	992
	128	69			4474	1335
523	3763		1999		3	1640
800		800			3279	1276
891	78987			145000		1987
	19454			145000		1987
891	59533					

地区及学科 Region and field	科技经费筹集额 Amount of Fund-Raising for S&T	政府资金 Government funds	财政补助收入 Income from government subsidy	承担政府科研项目收入 Undertaking government research projects	地方政府资金 Funds from local government	技术性收入 Technical income
甘肃省、青海省 Gansu and Qinghai provinces	323223	284775	220876	48590	15126	28833
近代物理研究所 Inst. of Modern Physics	96583	90576	83829	6607	140	4356
兰州化学物理研究所 Lanzhou Inst. of Chemical Physics	61335	48300	33015	14600	685	11556
兰州地质研究所 Lanzhou Inst. of Geology	109181	93031	65995	19076	7960	9665
寒区旱区环境与工程研究所 Cold and Arid Regions Environmental and Engineering Research Inst.	11681	8897	6756	2119	20	2784
青海盐湖研究所 Qinghai Inst. of Saline Lakes	19268	18796	15980	2032	784	472
西北高原生物研究所 Northwest Inst. of Plateau Biology	25175	25175	15301	4156	5537	
新疆维吾尔自治区 Xinjiang Uygur Autonomous Region	81297	76581	50339	14410	11590	4026
新疆理化技术研究所 Xinjiang Technical Inst. of Physics and Chemistry	51200	48212	31769	6902	9343	2299
新疆生态与地理研究所 Xinjiang Inst. of Ecology and Geography	30097	28369	18570	7508	2247	1727

注：6-3 与 6-4 表为国家科学技术部《科技统计年报》统计口径。
Note: table 3, 4 is based on the specifications of the *S&T Statistical Yearbook* of the Ministry of Science and Technology.

其中:来自企业 Of which: From enterprises	技术开发收 入 Income from technological development	技术转让收 入 Income from technology transfer	技术咨询及服务收入 Income from technical consultation and service	用于科技活动的贷款 Loans for S&T activities	国外资金 Funds from abroad	其他资金 Other funds
10507	24434	420	3044		7129	2486
1662	2960		1396			1651
7461	10135	420	721		644	835
	8865		145		6485	
1060	2112		672			
324	362		110			
3117	1727		2299		689	1
1727			2299		689	
1390	1727					1

6-4 科研机构科技活动经费内部支出情况(2005 年)

Total Internal Expenditure of S&T Activities in CAS Research Institutions: 2005

单位：千元 (thousand yuan)

地区及学科 Region and field	科研活动经费内部支出合计 Total internal expenditure for scientific research activities	人员费用 Personnel cost	设备购置费 Expenditure for purchasing equipment	其他日常支出 Other daily expenditure
总计 Total	**9441055**	**2448746**	**1605607**	**5386702**
一、按地区、分院分 By region and branch				
北京地区 Beijing Area	3996089	1032327	664930	2298832
沈阳分院 Shenyang Branch	771128	212632	150216	408280
长春分院 Changchun Branch	571893	117252	35997	418644
上海分院 Shanghai Branch	1832015	440628	358043	1033344
南京分院 Nanjing Branch	214967	83002	29049	102916
合肥地区 Hefei Area	239896	71019	46366	122511
武汉分院 Wuhan Branch	268164	73759	33378	161027
广州分院 Guangzhou Branch	318821	84585	47711	186525
成都分院 Chengdu Branch	305692	76457	27416	201819
昆明分院 Kunming Branch	216129	71954	42021	102154
西安分院 Xi'an Branch	253757	38413	87230	128114
兰州分院 Lanzhou Branch	263588	93392	55607	114589
新疆分院 Xinjiang Branch	85036	24727	12198	48111
太原地区 Taiyuan Area	103880	28599	15445	59836
二、按学科分 By field				
数学、物理 Mathematics & physics	1829401	493242	385123	951036
化学与化工 Chemistry & chemical engineering	1341662	365616	165321	810725
地学 Earth sciences	1249750	381981	218068	649701
生物学 Biological sciences	1857251	456227	346691	1054333

地区及学科 Region and field	科研活动经费内部支出合计 Total internal expenditure for scientific research activities	人员费用 Personnel cost	设备购置费 Expenditure for purchasing equipment	其他日常支出 Other daily expenditure
技术科学 Technological sciences	3127566	740013	487728	1899825
其他 Others	35425	11667	2676	21082
三、按科研单位分 By institute				
北京市 Beijing	3996089	1032327	664930	2298832
数学与系统科学研究院 Academy of Mathematics & Systems Science	79612	27823	5065	46724
物理研究所 Inst. of Physics	178502	28640	56877	92985
声学研究所 Inst. of Acoustics	128785	51581	13604	63600
理论物理研究所 Inst. of Theoretical Physics	25515	5421	1108	18986
高能物理研究所 Inst. of High Energy Physics	225733	59746	37997	127990
国家天文台 National Astronomical Observatories of China	211218	39259	54157	117802
力学研究所 Inst. of Mechanics	91818	31983	13971	45864
理化技术研究所 Technical Inst. of Physics and Chemistry	100327	30671	10673	58983
化学研究所 Inst. of Chemistry	127877	53460	14527	59890
生态环境研究中心 Research Center for Eco-Environmental Sciences	97331	23754	3273	70304
国家纳米科学中心 National Center for Nano Science and Technology of China	18006	4689	6404	6913
过程工程研究所 Inst. of Process Engineering	50544	21804	5780	22960
遥感应用研究所 Inst. of Remote Sensing Application	77930	17477	8950	51503
地理科学与资源研究所 Inst. of Geographic Sciences and Natural Resources Research	198097	37895	40911	119291
青藏高原研究所 Inst. of Qinghai-Tibet Plateau	28755	4572	5769	18414
古脊椎动物与古人类研究所 Inst. of Vertebrate Paleontology and Paleoanthropology	26307	8363	3058	14886
地质与地球物理研究所 Inst. of Geology and Geophysics	140042	33191	24109	82742
大气物理研究所 Inst. of Atmospheric Physics	82651	26125	9404	47122

续表 6-4

地区及学科 Region and field	科研活动经费内部支出合计 Total internal expenditure for scientific research activities	人员费用 Personnel cost	设备购置费 Expenditure for purchasing equipment	其他日常支出 Other daily expenditure
植物研究所 Inst. of Botany	120464	30321	13353	76790
动物研究所 Inst. of Zoology	87689	19329	19114	49246
心理研究所 Inst. of Psychology	29524	10383	3798	15343
微生物研究所 Inst. of Microbiology	84062	21191	13835	49036
生物物理研究所 Inst. of Biophysics	156436	16749	57457	82230
遗传与发育生物学研究所 Inst. of Genetics and Developmental Biology	126040	39842	14268	71930
北京基因组研究所 Beijing Genomics Inst.	61646	2531	5420	53695
计算技术研究所 Inst. of Computing Technology	228016	65344	11827	150845
软件研究所 Inst. of Software	99853	48954	6101	44798
半导体研究所 Inst. of Semiconductors	207490	52795	82410	72285
微电子研究所 Inst. of Microelectronics	91116	9672	44675	36769
电子学研究所 Inst. of Electronics	331616	54292	28982	248342
自动化研究所 Inst. of Automation	87723	32671	5079	49973
光电研究院 Institutes of Optoelectronics	66539	14210	10262	42067
电工研究所 Inst. of Electric Engineering	83547	30039	11803	41705
工程热物理研究所 Inst. of Engineering Thermophysics	45867	10875	5727	29265
空间科学与应用研究中心 Center for Space Science and Applied Research	163986	55008	12506	96472
自然科学史研究所 Inst. of History of Natural Sciences	12281	4330	1078	6873
科技政策与管理科学研究所 Inst. of Policy and Management	23144	7337	1598	14209
山西省 Shanxi Province	103880	28599	15445	59836
山西煤炭化学研究所 Shanxi Inst. of Coal Chemistry	103880	28599	15445	59836
辽宁省、山东省 Liaoning and Shandong provinces	771128	212632	150216	408280
大连化学物理研究所 Dalian Inst. of Chemical Physics	223757	56746	42150	124861

续表 6-4

地区及学科 Region and field	科研活动经费内部支出合计 Total internal expenditure for scientific research activities	人员费用 Personnel cost	设备购置费 Expenditure for purchasing equipment	其他日常支出 Other daily expenditure
沈阳应用生态研究所 Shenyang Inst. of Applied Ecology	64208	20767	8434	35007
沈阳自动化研究所 Shenyang Inst. of Automation	134073	30303	11870	91900
金属研究所 Inst. of Metals Research	196780	46714	46861	103205
海洋研究所 Inst. of Oceanology	152310	58102	40901	53307
吉林省 Jilin Province	571893	117252	35997	418644
长春应用化学研究所 Changchun Inst. of Applied Chemistry	177080	45411	10918	120751
东北地理与农业生态研究所 Northeast Inst. of Geography and Agricultural Ecology	25301	8227	3823	13251
长春光学精密机械与物理研究所 Changchun Inst. of Optics，Fine Mechanics and Physics	369512	63614	21256	284642
上海市、福建省 Shanghai,Fujian Province	1832015	440628	358043	1033344
上海应用物理研究所 Shanghai Inst. of Applied Physics	115427	38504	21459	55464
上海天文台 Shanghai Observatory	68535	16996	9303	42236
上海硅酸盐研究所 Shanghai Inst. of Ceramics	245027	45765	31270	167992
上海有机化学研究所 Shanghai Inst. of Organic Chemistry	162882	46131	12715	104036
上海药物研究所 Shanghai Inst. of Materia Medica	124395	35419	32406	56570
上海生命科学研究院 Shanghai Institutes for Biological Sciences	439569	105552	106251	227766
上海微系统与信息技术研究所 Shanghai Inst. of Microsystem and Information Technology	187243	35243	48965	103035
上海光学精密机械研究所 Shanghai Inst. of Optics and Fine Mechanics	158671	49137	29705	79829
上海技术物理研究所 Shanghai Inst. of Technical Physics	268417	50560	53194	164663
福建物质结构研究所 Fujian Inst. of Research on the Structure of Matter	61849	17321	12775	31753
江苏省 Jiangsu Province	214967	83002	29049	102916
紫金山天文台 Purple Mountain Observatory	55856	14468	15352	26036
南京地理与湖泊研究所 Nanjing Inst. of Geography and Limnology	34183	12197	3516	18470

地区及学科 Region and field	科研活动经费内部支出合计 Total internal expenditure for scientific research activities	人员费用 Personnel cost	设备购置费 Expenditure for purchasing equipment	其他日常支出 Other daily expenditure
南京地质古生物研究所 Nanjing Inst. of Geology and Palaeontology	43123	34577	3294	5252
南京土壤研究所 Nanjing Inst. of Soil Science	81805	21760	6887	53158
安徽省 Anhui Province	239896	71019	46366	122511
合肥物质科学研究院 Hefei Institutes of Physical Sciences	239896	71019	46366	122511
湖北省、湖南省 Hubei and Hunan provinces	268164	73759	33378	161027
武汉物理与数学研究所 Wuhan Inst. of Physics and Mathematics	37323	14868	9656	12799
武汉岩土力学研究所 Wuhan Inst. of Rock and Soil Mechanics	57200	22200	3944	31056
测量与地球物理研究所 Inst. of Geodesy and Geophysics	21417	9337	727	11353
武汉植物园 Wuhan Botanical Garden	43441	5812	3543	34086
水生生物研究所 Inst. of Hydrobiology	79060	12172	8603	58285
武汉病毒研究所 Wuhan Inst. of Virology	29723	9370	6905	13448
广东省 Guangdong Province	318821	84585	47711	186525
广州地球化学研究所 Guangzhou Inst. of Geochemistry	76131	17775	5580	52776
南海海洋研究所 South China Sea Inst. of Oceanology	82626	28647	12549	41430
华南植物园 South China Botanical Garden	86302	21608	10742	53952
广州能源研究所 Guangzhou Inst. of Energy Conversion	52422	11194	13967	27261
亚热带农业生态研究所 Inst. of Subtropical Agriculture	21340	5361	4873	11106
四川省 Sichuan Province	305692	76457	27416	201819
成都山地灾害与环境研究所 Chengdu Inst. of Mountain Hazards and Environment	39652	5817	4682	29153
成都生物研究所 Chengdu Inst. of Biology	43194	16214	7772	19208
光电技术研究所 Inst. of Optics and Electronics	222846	54426	14962	153458
云南省、贵州省 Yunnan and Guizhou provinces	216129	71954	42021	102154
地球化学研究所 Inst. of Geochemistry	63459	17218	22445	23796

地区及学科 Region and field	科研活动经费内部支出合计 Total internal expenditure for scientific research activities	人员费用 Personnel cost	设备购置费 Expenditure for purchasing equipment	其他日常支出 Other daily expenditure
昆明植物研究所 Kunming Inst. of Botany	50705	25057	6713	18935
西双版纳热带植物园 Xishuangbanna Tropical Botanical Garden	49954	21462	4693	23799
昆明动物研究所 Kunming Inst. of Zoology	52011	8217	8170	35624
陕西省 Shaanxi Province	253757	38413	87230	128114
地球环境研究所 Inst. of Earth Environment	22770	2817	2415	17538
西安光学精密机械研究所 Xi'an Inst. of Optics and Precision Mechanics	131849	24962	27576	79311
国家授时中心 National Time Service Center	99138	10634	57239	31265
甘肃省、青海省 Gansu and Qinghai provinces	263588	93392	55607	114589
近代物理研究所 Inst. of Modern Physics	92402	21633	24540	46229
兰州化学物理研究所 Lanzhou Inst. of Chemical Physics	55576	17493	7376	30707
兰州地质研究所 Lanzhou Inst. of Geology	57197	37538	15039	4620
寒区旱区环境与工程研究所 Cold and Arid Regions Environmental and Engineering Research Inst.	14877	5175	2510	7192
青海盐湖研究所 Qinghai Inst. of Saline Lakes	17853	4443	2688	10722
西北高原生物研究所 Northwest Inst. of Plateau Biology	25683	7110	3454	15119
新疆维吾尔自治区 Xinjiang Uygur Autonomous Region	85036	24727	12198	48111
新疆理化技术研究所 Xinjiang Technical Inst. of Physics and Chemistry	62922	16931	8386	37605
新疆生态与地理研究所 Xinjiang Inst. of Ecology and Geography	22114	7796	3812	10506

注：科技活动经费内部支出不包括本机构委托外单位或与外单位合作而拨给对方的经费。

Note: The total Internal expenditure of S&T activities does not include the funds allocated by the institution to other units for cooperation.

6-5 科研机构基本建设投资完成情况(2005 年)

Capital Construction Expenditure in CAS Research Institutions: 2005

单位：千元 (thousand yuan)

地区及学科 Region and field	基本建设投资实际完成额 Actual expenditure in capital construction investment	科研仪器设备 Scientific research instruments and equipment	科研土建工程 Civil engineering projects for scientific research	生产经营土建与设备 Civil engineering for production, operation and equipment	生活土建与设备 Civil engineering for living and equipment
总　计 Total	**2079482**	**568715**	**1370968**		**139799**
一、按地区、分院分 By region and branch					
北京地区 Beijing Area	965115	371727	553269		40119
沈阳分院 Shenyang Branch	195169	3585	153739		37845
长春分院 Changchun Branch	200211	17562	182649		
上海分院 Shanghai Branch	286727	38772	241683		6272
南京分院 Nanjing Branch	17558	7234	10324		
合肥地区 Hefei Area	40656	5528	35128		
武汉分院 Wuhan Branch	22154	390	18709		3055
广州分院 Guangzhou Branch	66065	405	47631		18029
成都分院 Chengdu Branch	40553	19914	15017		5622

续表 6-5

地区及学科 Region and field	基本建设投资实际完成额 Actual expenditure in capital construction investment	科研仪器设备 Scientific research instruments and equipment	科研土建工程 Civil engineering projects for scientific research	生产经营土建与设备 Civil engineering for production, operation and equipment	生活土建与设备 Civil engineering for living and equipment
昆明分院 Kunming Branch	40377		40377		
西安分院 Xi'an Branch	33403	7191	14900		11312
兰州分院 Lanzhou Branch	154650	95915	41190		17545
新疆分院 Xinjiang Branch	8370		8370		
太原地区 Taiyuan Area	8474	492	7982		
二、按学科分 By field					
数学、物理 Mathematics & physics	691047	431594	221389		38064
化学与化工 Chemistry & chemical engineering	226303	44063	180087		2153
地学 Earth sciences	197374	9089	156117		32168
生物学 Biological sciences	235859	4973	228077		2809
技术科学 Technological sciences	728629	78996	585298		64335
其他 Others	270				270

6-6 科研机构科研仪器

Original Value of Scientific Equipment and

单位: 千元

地区、学科及科研单位 Region, field and research institution	合 计 Total				
	总 额 (千元) Total value (thousand yuan)	100 千元以上 Above 100 (thousand yuan)	100 千元以上 台(套)数 Over 100 thousand yuan (set)	其中: 进口 (千元) Of which: Imported (thousand yuan)	100 千元以上 Above 100 (thousand yuan)
总 计 Total	**9588367**	**6486448**	**13827**	**5533020**	**4559280**
一、按地区、分院分 By region and branch					
北京地区 Beijing Area	3889198	2515224	5304	2204061	1622841
沈阳分院 Shenyang Branch	812288	560332	1300	428252	369987
长春分院 Changchun Branch	461921	336334	681	291866	265413
上海分院 Shanghai Branch	1949217	1464732	2933	1336612	1232864
南京分院 Nanjing Branch	192575	96380	293	94630	66747
合肥地区 Hefei Area	339633	297316	360	151642	124491
武汉分院 Wuhan Branch	247937	159013	371	157921	132538
广州分院 Guangzhou Branch	274997	199650	327	165655	155934
成都分院 Chengdu Branch	231374	157798	341	132679	106939
昆明分院 Kunming Branch	198573	118495	241	134588	108006
西安分院 Xi'an Branch	234436	114919	521	108027	97688
兰州分院 Lanzhou Branch	548631	331442	854	244585	202824
新疆分院 Xinjiang Branch	75525	50738	128	39221	35667

设备原值情况(2005 年)

Instrumentation in CAS Research Institutions: 2005

(thousand yuan)

其中: 20 世纪 90 年代制造 Of which: Made in the 1990s				其中: 2000 年及以后制造 Of which: Made after 2000			
总额 (千元) Total value (thousand yuan)	100 千元以上 Above 100 (thousand yuan)	其中: 进口 (千元) Of which: Imported (thousand yuan)	100 千元以上 Above 100 (thousand yuan)	总额 (千元) Total value (thousand yuan)	100 千元以上 Above 100 (thousand yuan)	其中: 进口 (千元) Of which: Imported (thousand yuan)	100 千元以上 Above 100 (thousand yuan)
2290937	**1606977**	**1393364**	**1185714**	**6469517**	**4367583**	**3722649**	**3070950**
1009299	685513	615792	509674	2559961	1618443	1393474	977916
174888	126924	110906	96172	552918	392772	272840	240951
80399	56803	51553	46579	323625	246559	204699	189077
439412	318829	306952	280309	1428798	1087606	991019	920155
47116	26419	25197	13208	135834	66526	65746	52145
133060	122155	36618	34330	179763	155026	105076	81890
64004	39365	36608	33685	170786	106718	108588	85974
43686	33118	30538	28714	190215	125610	121119	113222
52462	36344	33124	23093	165562	118955	92349	81996
52015	32779	38115	30861	134131	83139	91868	74968
39764	29072	25856	23165	153420	81079	77304	71000
124645	81557	64656	50671	308245	182251	142087	129242
10024	6204	5004	4368	61667	33704	31079	28813

地区、学科及科研单位 Region，field and research institution	合 计 Total				
	总 额 (千元) Total value (thousand yuan)	100 千元以上 Above 100 (thousand yuan)	100 千元以上台(套)数 Over 100 thousand yuan (set)	其中: 进口 (千元) Of which: Imported (thousand yuan)	100 千元以上 Above 100 (thousand yuan)
太原地区 Taiyuan Area	132062	84075	173	43281	37341
二、按学科分 By field					
数学、物理 Mathematics & physics	2425425	1524088	3376	1136649	723454
化学与化工 Chemistry & chemical engineering	1547085	1096499	2368	922943	830852
地学 Earth sciences	1268305	902153	1776	767731	711482
生物学 Biological sciences	1739698	1065792	2656	1112669	881327
技术科学 Technological sciences	2584897	1892217	3640	1585610	1406466
其他 Others	12269				
三、按科研单位分 By institute					
北京市 Beijing	3878510	2509525	5293	2196643	1617142
数学与系统科学研究院 Academy of Mathematics & Systems Science	66781	19880	20	26413	12977
物理研究所 Inst. of Physics	398496	318854	444	314512	87752
声学研究所 Inst. of Acoustics	120076	87445	168	79220	64394
理论物理研究所 Inst. of Theoretical Physics	16711	146	1	146	146
高能物理研究所 Inst. of High Energy Physics	377938	210053	596	135349	81653
国家天文台 National Astronomical Observatories of China	149567	83324	181	67430	47805
力学研究所 Inst. of Mechanics	135486	72688	196	54609	49490

续表 6-6

其中: 20 世纪 90 年代制造 Of which: Made in the 1990s				其中: 2000 年及以后制造 Of which: Made after 2000			
总额 (千元) Total value (thousand yuan)	100 千元以上 Above 100 (thousand yuan)	其中: 进口 (千元) Of which: Imported (thousand yuan)	100 千元以上 Above 100 (thousand yuan)	总额 (千元) Total value (thousand yuan)	100 千元以上 Above 100 (thousand yuan)	其中: 进口 (千元) Of which: Imported (thousand yuan)	100 千元以上 Above 100 (thousand yuan)
20163	11895	12445	10885	104592	69195	25401	23601
636738	407124	294189	221026	1463897	926923	718205	427565
348573	256790	236846	215919	1086492	777047	616230	563119
278152	215798	193097	179552	879693	576170	506287	472350
409160	258758	249658	199399	1286823	788171	832210	664129
617091	468507	419574	369818	1734858	1293573	1044018	938088
1223				11046			
1009299	685513	615792	509674	2553253	1612744	1387775	972217
25694	10923	23494	10177	39513	7400	2800	2800
68750	52514	51337	46942	303861	246815	241826	22792
16308	11035	14421	10745	99383	75964	61462	53358
5288				11423	146	146	146
120169	76104	49557	31351	176117	97949	55321	40220
49294	22998	21237	9237	68037	42372	31337	29507
45248	28957	27875	25740	75983	37064	23246	20944

地区、学科及科研单位 Region, field and research institution	合 计 Total				
	总 额 (千元) Total value (thousand yuan)	100 千元以上 Above 100 (thousand yuan)	100 千元以上 台(套)数 Over 100 thousand yuan (set)	其中: 进口 (千元) Of which: Imported (thousand yuan)	100 千元以上 Above 100 (thousand yuan)
理化技术研究所 Technical Inst. of Physics and Chemistry	97443	18000	90	22740	18000
化学研究所 Inst. of Chemistry	204835	146097	347	145350	129608
生态环境研究中心 Research Center for Eco-Environmental Sciences	93057	46580	151	51522	42006
国家纳米科学中心 National Center for Nano Science and Technology of China	6611	5596	13	5565	5446
过程工程研究所 Inst. of Process Engineering	77023	45956	116	35408	29985
遥感应用研究所 Inst. of Remote Sensing Application	87728	65020	79	49098	47890
地理科学与资源研究所 Inst. of Geographic Sciences and Natural Resources Research	136661	82739	171	53555	53555
青藏高原研究所 Inst. of Qinghai-Tibet Plateau	9227	5790	16	2985	2985
古脊椎动物与古人类研究所 Inst. of Vertebrate Paleontology and Paleoanthropology	17961	5060	5	5060	5060
地质与地球物理研究所 Inst. of Geology and Geophysics	198991	163601	295	132289	126234
大气物理研究所 Inst. of Atmospheric Physics	113313	81502	161	60431	57100
植物研究所 Inst. of Botany	71109	50733	117	29890	25170
动物研究所 Inst. of Zoology	99134	45252	136	75365	45015
心理研究所 Inst. of Psychology	18400	10817	29	9805	9426
微生物研究所 Inst. of Microbiology	76447	36750	120	60656	36750
生物物理研究所 Inst. of Biophysics	182053	111411	245	123358	66020

其中: 20 世纪 90 年代制造 Of which: Made in the 1990s				其中: 2000 年及以后制造 Of which: Made after 2000			
总额 (千元) Total value (thousand yuan)	100 千元以上 Above 100 (thousand yuan)	其中: 进口 (千元) Of which: Imported (thousand yuan)	100 千元以上 Above 100 (thousand yuan)	总额 (千元) Total value (thousand yuan)	100 千元以上 Above 100 (thousand yuan)	其中: 进口 (千元) Of which: Imported (thousand yuan)	100 千元以上 Above 100 (thousand yuan)
27920		886		67376	18000	21854	18000
47326	34859	35300	31942	142622	102385	98881	89387
15726	9260	9747	8736	71708	35292	37469	31242
				6611	5596	5565	5446
23718	12967	13426	11306	45195	30852	17734	16542
21308	16230	13406	13098	39889	23142	9556	9144
14715	7818	7818	7818	121716	74921	45737	45737
				9227	5790	2985	2985
2716	660	660	660	13659	3450	3450	3450
51598	47824	44250	43292	133784	101235	81735	79247
28471	24042	11872	11044	81908	54800	47615	45112
20594	16216	1837	1517	50515	34517	28053	23653
32130	17405	24957	17405	58224	25847	42560	25610
4843	3952	3421	3421	13556	6865	6384	6005
24997	11922	20797	11922	50600	24505	39034	24505
29937	24367	17962	15268	143219	81689	99024	45973

地区、学科及科研单位 Region，field and research institution	合 计 Total				
	总 额 (千元) Total value (thousand yuan)	100 千元以上 Above 100 (thousand yuan)	100 千元以上台(套)数 Over 100 thousand yuan (set)	其中: 进口 (千元) Of which: Imported (thousand yuan)	100 千元以上 Above 100 (thousand yuan)
遗传与发育生物学研究所 Inst. of Genetics and Developmental Biology	107973	72189	177	31595	23973
北京基因组研究所 Beijing Genomics Inst.	35006	31725	32	33432	31725
计算技术研究所 Inst. of Computing Technology	64940	30225	65	34682	24502
软件研究所 Inst. of Software	27583	7303	23	850	850
半导体研究所 Inst. of Semiconductors	230096	226618	345	152246	146614
微电子研究所 Inst. of Microelectronics	188263	178607	195	182359	176064
电子学研究所 Inst. of Electronics	125258	68104	255	66897	48379
自动化研究所 Inst. of Automation	41215	1384	38	7418	532
光电研究院 Institutes of Optoelectronics	10688	5699	11	7418	5699
电工研究所 Inst. of Electric Engineering	59515	32207	108	35784	22232
工程热物理研究所 Inst. of Engineering Thermophysics	38733	21524	62	20253	14672
空间科学与应用研究中心 Center for Space Science and Applied Research	192611	126345	296	90371	83132
自然科学史研究所 Inst. of History of Natural Sciences	4402				
科技政策与管理科学研究所 Inst. of Policy and Management	7867				
山西省 Shanxi Province	132062	84075	173	43281	37341
山西煤炭化学研究所 Shanxi Inst. of Coal Chemistry	132062	84075	173	43281	37341

续表 6-6

其中: 20 世纪 90 年代制造 Of which: Made in the 1990s				其中: 2000 年及以后制造 Of which: Made after 2000			
总额 (千元) Total value (thousand yuan)	100 千元以上 Above 100 (thousand yuan)	其中: 进口 (千元) Of which: Imported (thousand yuan)	100 千元以上 Above 100 (thousand yuan)	总额 (千元) Total value (thousand yuan)	100 千元以上 Above 100 (thousand yuan)	其中: 进口 (千元) Of which: Imported (thousand yuan)	100 千元以上 Above 100 (thousand yuan)
24428	16485	9172	7634	79849	54627	21590	15506
				35006	31725	33432	31725
10997	3848	4767	1895	53746	26239	29735	22469
3701	2357			23879	4945	850	850
83266	70272	49416	46779	142419	131935	97889	95424
73113	72284	71877	71436	80012	74255	75668	72560
27081	15807	16565	12247	89109	48373	45557	32875
6386	166			34599	1218	7418	532
				6708	5699	5699	5699
15432	8622	11256	6245	38676	21915	21831	13535
9948	7231	8345	5619	28785	14293	11908	9053
76974	58388	50134	46198	112001	66623	38123	35883
314				4088			
909				6958			
20163	11895	12445	10885	104592	69195	25401	23601
20163	11895	12445	10885	104592	69195	25401	23601

地区、学科及科研单位 Region，field and research institution	合 计 Total				
	总 额 (千元) Total value (thousand yuan)	100 千元以上 Above 100 (thousand yuan)	100 千元以上台(套)数 Over 100 thousand yuan (set)	其中: 进口 (千元) Of which: Imported (thousand yuan)	100 千元以上 Above 100 (thousand yuan)
辽宁省、山东省 Liaoning and Shandong provinces	812288	560332	1300	428252	369987
大连化学物理研究所 Dalian Inst. of Chemical Physics	324022	225705	569	147869	133388
沈阳应用生态研究所 Shenyang Inst. of Applied Ecology	50859	28360	100	23400	16042
沈阳自动化研究所 Shenyang Inst. of Automation	74577	47152	109	43880	32090
金属研究所 Inst. of Metals Research	265976	197034	332	142278	132197
海洋研究所 Inst. of Oceanology	96854	62081	190	70825	56270
吉林省 Jilin Province	461921	336334	681	291866	265413
长春应用化学研究所 Changchun Inst. of Applied Chemistry	196004	156579	293	153414	138545
东北地理与农业生态研究所 Northeast Inst. of Geography and Agricultural Ecology	22875	13684	44	13904	11631
长春光学精密机械与物理研究所 Changchun Inst. of Optics，Fine Mechanics and Physics	243042	166071	344	124548	115237
上海市、福建省 Shanghai,Fujian Province	1949217	1464732	2933	1336612	1232864
上海应用物理研究所 Shanghai Inst. of Applied Physics	99338	61212	168	43245	39001
上海天文台 Shanghai Observatory	56547	46975	98	25916	22210
上海硅酸盐研究所 Shanghai Inst. of Ceramics	184282	156152	242	125139	121035
上海有机化学研究所 Shanghai Inst. of Organic Chemistry	134269	100585	181	101048	90543
上海药物研究所 Shanghai Inst. of Materia Medica	143837	119597	219	134154	114097

续表 6-6

其中: 20 世纪 90 年代制造 Of which: Made in the 1990s				其中: 2000 年及以后制造 Of which: Made after 2000			
总额 (千元) Total value (thousand yuan)	100 千元以上 Above 100 (thousand yuan)	其中: 进口 (千元) Of which: Imported (thousand yuan)	100 千元以上 Above 100 (thousand yuan)	总额 (千元) Total value (thousand yuan)	100 千元以上 Above 100 (thousand yuan)	其中: 进口 (千元) Of which: Imported (thousand yuan)	100 千元以上 Above 100 (thousand yuan)
174888	126924	110906	96172	552918	392772	272840	240951
68250	48310	42826	38112	241357	166819	92620	84700
11816	8983	6004	5288	38639	19377	17284	10754
11865	5566	6329	3317	59066	38516	34767	26358
57260	47170	35671	34039	148110	128141	82556	81532
25697	16895	20076	15416	65746	39919	45613	37607
80399	56803	51553	46579	323625	246559	204699	189077
38365	32201	32393	30223	142237	110655	107667	95527
5079	3037	2348	1824	16570	9887	10534	9047
36955	21565	16812	14532	164818	126017	86498	84503
439412	318829	306952	280309	1428798	1087606	991019	920155
15051	8439	6658	6207	70762	44839	28618	25946
12167	10071	5616	4399	28580	22206	19205	17182
44954	37367	31717	31125	119644	104962	86879	84716
41839	32684	30786	27898	89578	66036	67975	60780
27160	14072	19119	14072	116677	105525	115035	100025

地区、学科及科研单位 Region, field and research institution	合 计 Total				
	总 额 (千元) Total value (thousand yuan)	100 千元以上 Above 100 (thousand yuan)	100 千元以上台(套)数 Over 100 thousand yuan (set)	其中: 进口 (千元) Of which: Imported (thousand yuan)	100 千元以上 Above 100 (thousand yuan)
上海生命科学研究院 Shanghai Institutes for Biological Sciences	520904	329784	866	329784	329784
上海微系统与信息技术研究所 Shanghai Inst. of Microsystem and Information Technology	253476	224373	309	161661	156431
上海光学精密机械研究所 Shanghai Inst. of Optics and Fine Mechanics	170027	125788	294	124777	111432
上海技术物理研究所 Shanghai Inst. of Technical Physics	318174	252801	468	241596	205098
福建物质结构研究所 Fujian Inst. of Research on the Structure of Matter	68363	47465	88	49292	43233
江苏省 Jiangsu Province	192575	96380	293	94630	66747
紫金山天文台 Purple Mountain Observatory	78539	29684	125	18681	16315
南京地理与湖泊研究所 Nanjing Inst. of Geography and Limnology	28720	16687	51	23280	16687
南京地质古生物研究所 Nanjing Inst. of Geology and Palaeontology	33688	16911	34	17675	13415
南京土壤研究所 Nanjing Inst. of Soil Science	51628	33098	83	34994	20330
安徽省 Anhui Province	339633	297316	360	151642	124491
合肥物质科学研究院 Hefei Institutes of Physical Sciences	339633	297316	360	151642	124491
湖北省、湖南省 Hubei and Hunan provinces	247937	159013	371	157921	132538
武汉物理与数学研究所 Wuhan Inst. of Physics and Mathematics	79740	73747	120	65596	61239
武汉岩土力学研究所 Wuhan Inst. of Rock and Soil Mechanics	25124	9267	33	8163	7697
测量与地球物理研究所 Inst. of Geodesy and Geophysics	12911	8383	26	6444	6436

续表 6-6

其中: 20 世纪 90 年代制造 Of which: Made in the 1990s				其中: 2000 年及以后制造 Of which: Made after 2000			
总 额 (千元) Total value (thousand yuan)	100 千元以上 Above 100 (thousand yuan)	其中: 进口 (千元) Of which: Imported (thousand yuan)	100 千元以上 Above 100 (thousand yuan)	总 额 (千元) Total value (thousand yuan)	100 千元以上 Above 100 (thousand yuan)	其中: 进口 (千元) Of which: Imported (thousand yuan)	100 千元以上 Above 100 (thousand yuan)
138963	92894	92894	92894	381738	236890	236890	236890
32884	29846	25052	23946	215290	189226	131308	127183
35450	25142	24580	21608	126507	95309	94701	85432
74475	56054	58077	46938	231266	189155	175732	151547
16469	12260	12453	11222	48756	33458	34676	30454
47116	26419	25197	13208	135834	66526	65746	52145
10057	4328	3973	3082	62844	23315	14563	13233
8501	5767	7100	5767	19362	10920	15442	10920
15309	6770	4574	3274	16721	10141	11691	10141
13249	9554	9550	1085	36907	22150	24050	17851
133060	122155	36618	34330	179763	155026	105076	81890
133060	122155	36618	34330	179763	155026	105076	81890
64004	39365	36608	33685	170786	106718	108588	85974
26183	23999	24951	23999	50298	46778	37386	34270
11151	2694	2686	2569	10553	6573	5254	5128
4073	3747	3204	3204	5981	2018	846	836

地区、学科及科研单位 Region, field and research institution	合 计 Total				
	总 额 (千元) Total value (thousand yuan)	100 千元以上 Above 100 (thousand yuan)	100 千元以上台(套)数 Over 100 thousand yuan (set)	其中: 进口 (千元) Of which: Imported (thousand yuan)	100 千元以上 Above 100 (thousand yuan)
武汉植物园 Wuhan Botanical Garden	19144	3484	18	8965	3484
水生生物研究所 Inst. of Hydrobiology	75777	46081	124	45539	39131
武汉病毒研究所 Wuhan Inst. of Virology	35241	18051	50	23214	14551
广东省 Guangdong Province	274997	199650	327	165655	155934
广州地球化学研究所 Guangzhou Inst. of Geochemistry	14263	10452	24	8683	8008
南海海洋研究所 South China Sea Inst. of Oceanology	73684	65306	87	67376	63994
华南植物园 South China Botanical Garden	102506	83467	115	51756	50636
广州能源研究所 Guangzhou Inst. of Energy Conversion	46507	20331	53	21150	18139
亚热带农业生态研究所 Inst. of Subtropical Agriculture	38037	20094	48	16690	15157
四川省 Sichuan Province	231374	157798	341	132679	106939
成都山地灾害与环境研究所 Chengdu Inst. of Mountain Hazards and Environment	27657	15968	56	13261	9672
成都生物研究所 Chengdu Inst. of Biology	34492	15124	45	18310	7881
光电技术研究所 Inst. of Optics and Electronics	169225	126706	240	101108	89386
云南省、贵州省 Yunnan and Guizhou provinces	198573	118495	241	134588	108006
地球化学研究所 Inst. of Geochemistry	68550	53790	78	51825	49747
昆明植物研究所 Kunming Inst. of Botany	62479	29221	51	35204	27733

续表 6-6

其中: 20 世纪 90 年代制造 Of which: Made in the 1990s				其中: 2000 年及以后制造 Of which: Made after 2000			
总　额 (千元) Total value (thousand yuan)	100 千元以上 Above 100 (thousand yuan)	其中: 进口 (千元) Of which: Imported (thousand yuan)	100 千元以上 Above 100 (thousand yuan)	总　额 (千元) Total value (thousand yuan)	100 千元以上 Above 100 (thousand yuan)	其中: 进口 (千元) Of which: Imported (thousand yuan)	100 千元以上 Above 100 (thousand yuan)
1870	353	1520	353	16614	2851	6440	2851
17034	6422	1410	1410	57009	33040	38927	30641
3693	2150	2837	2150	30331	15458	19735	12248
43686	33118	30538	28714	190215	125610	121119	113222
1695	1201			11980	8836	8683	8008
16052	14972	15155	14575	53309	46012	47899	45097
12432	9730	8558	8558	53889	37552	33522	32402
8316	5410	4768	3861	38191	14921	16382	14278
5191	1805	2057	1720	32846	18289	14633	13437
52462	36344	33124	23093	165562	118955	92349	81996
6327	4528	3759	3149	20651	11440	8332	6523
9386	5589	6101	775	21579	9535	9712	7106
36749	26227	23264	19169	123332	97980	74305	68367
52015	32779	38115	30861	134131	83139	91868	74968
15960	12920	12845	12257	50970	39250	37760	36270
21637	10621	13121	10121	30035	17643	18698	16655

地区、学科及科研单位 Region, field and research institution	合 计 Total				
	总 额 (千元) Total value (thousand yuan)	100 千元以上 Above 100 (thousand yuan)	100 千元以上台(套)数 Over 100 thousand yuan (set)	其中: 进口 (千元) Of which: Imported (thousand yuan)	100 千元以上 Above 100 (thousand yuan)
西双版纳热带植物园 Xishuangbanna Tropical Botanical Garden	15043	6953	31	7702	5562
昆明动物研究所 Kunming Inst. of Zoology	52501	28531	81	39857	24964
陕西省 Shaanxi Province	234436	114919	521	108027	97688
地球环境研究所 Inst. of Earth Environment	43018	35872	57	35041	32711
西安光学精密机械研究所 Xi'an Inst. of Optics and Precision Mechanics	84149	39881	109	38212	32461
国家授时中心 National Time Service Center	107269	39166	355	34774	32516
甘肃省、青海省 Gansu and Qinghai provinces	548631	331442	854	244585	202824
近代物理研究所 Inst. of Modern Physics	248598	132793	376	67930	39236
兰州化学物理研究所 Lanzhou Inst. of Chemical Physics	97905	65830	163	47761	45794
兰州地质研究所 Lanzhou Inst. of Geology	121833	75992	216	71265	68382
寒区旱区环境与工程研究所 Cold and Arid Regions Environmental and Engineering Research Inst.	24742	23100	12	22723	21942
青海盐湖研究所 Qinghai Inst. of Saline Lakes	28652	15879	32	17294	13928
西北高原生物研究所 Northwest Inst. of Plateau Biology	26901	17848	55	17612	13542
新疆维吾尔自治区 Xinjiang Uygur Autonomous Region	75525	50738	128	39221	35667
新疆理化技术研究所 Xinjiang Technical Inst. of Physics and Chemistry	47386	27200	83	18938	17135
新疆生态与地理研究所 Xinjiang Inst. of Ecology and Geography	28139	23538	45	20283	18532

续表 6-6

其中: 20 世纪 90 年代制造 Of which: Made in the 1990s				其中: 2000 年及以后制造 Of which: Made after 2000			
总额(千元) Total value (thousand yuan)	100 千元以上 Above 100 (thousand yuan)	其中: 进口(千元) Of which: Imported (thousand yuan)	100 千元以上 Above 100 (thousand yuan)	总额(千元) Total value (thousand yuan)	100 千元以上 Above 100 (thousand yuan)	其中: 进口(千元) Of which: Imported (thousand yuan)	100 千元以上 Above 100 (thousand yuan)
100				14943	6953	7702	5562
14318	9238	12149	8483	38183	19293	27708	16481
39764	29072	25856	23165	153420	81079	77304	71000
5324	4371	4686	4371	37387	31212	30336	28340
19364	16157	15372	14130	30397	21144	20539	16548
15076	8544	5798	4664	85636	28723	26429	26112
124645	81557	64656	50671	308245	182251	142087	129242
52031	21823	16249	5159	110797	53753	27839	20928
26591	22768	12775	12683	59256	42634	33195	32960
23292	18441	16382	15820	95878	56427	53648	51438
14565	14382	14233	13482	4350	4350	4350	4350
5172	2219	2978	1787	14936	9163	8168	7764
2994	1924	2039	1740	23028	15924	14887	11802
10024	6204	5004	4368	61667	33704	31079	28813
6733	3664	2171	1943	38696	13704	15236	13704
3291	2540	2833	2425	22971	20000	15843	15109

6-7 科研机构研究与试验发展人员全时当量

Full-time Equivalent of R&D Personnel in Research Institutions

单位：人·年 (man · year)

年 份 Year	研究与试验发展人员全时当量 Full-time equivalent of R&D personnel Total (A)	基础研究 Basic research	应用研究 Applied research	试验发展 Experimental development	其中：科学家和工程师 Among which: Scientists and engineers (B)	比 重 % of total (B/A)
1996	30677	10890	16259	3528	25455	83.0
1997	30181	10956	16237	2988	25085	83.1
1998	30611	11295	16591	2725	26585	86.8
1999	28436	10408	15810	2218	24771	87.1
2000	28084	11262	14940	1882	24666	87.8
2001	25199	10584	13154	1461	22541	89.5
2002	27646	11114	15205	1327	23413	84.7
2003	30937	12529	16892	1516	25903	83.7
2004	34898	14521	18901	1476	29457	84.4
2005	37246	15494	20076	1676	31014	83.3

注：R&D 人员折合全时工作量=R&D 课题人员折合全时工作量+管理 R&D 课题的科技管理人员和为 R&D 课题提供直接服务的科技服务人员的折合全时工作量。

Note:The full-time equivalent of R&D personnel=the full-time equivalent of R&D project personnel+that of management and service personnel directly for the R&D projects.

6-8 科研机构研究与试验发展经费支出

Research Institution R&D Expenditure

单位：亿元 (100 million yuan)

年 份 Year	研究与试验发展经费支出 R&D expenditure Total	基础研究 Basic research	比重 % of total	应用研究 Applied research	比重 % of total	试验发展 Experimental development	比重 % of total	占全国 R&D 经费支出% Percentage of national R&D expenditure
1996	21.90	6.88	31.4	11.11	50.7	3.91	17.9	5.4
1997	24.73	7.62	30.8	13.52	54.7	3.59	14.5	4.9
1998	27.33	8.66	31.7	14.84	54.3	3.83	14.0	5.0
1999	31.24	10.62	34.0	16.81	53.8	3.81	12.2	4.6
2000	40.28	14.82	36.8	21.70	53.9	3.76	9.3	4.5
2001	53.60	21.35	39.8	28.05	52.3	4.20	7.9	5.1
2002	78.08	29.20	37.4	43.33	55.5	5.55	7.1	6.1
2003	82.84	29.99	36.2	46.86	56.6	5.99	7.2	5.4
2004	93.20	33.53	36.0	53.39	57.3	6.28	6.7	4.7
2005	106.57	36.55	34.3	62.24	58.4	7.78	7.3	4.4

注：研究与试验发展经费支出包括用于 R&D 活动的科研基建费。

Note:The total R&D expenditure includes the capital construction of scientific research for R&D activities.

6-9 科研机构科技活动课题基本情况

Basic Statistics of S&T Projects in CAS Research Institutions

年 份 Year	课题数 Projects	课题经费支出 (千元) Expenditure by project (thousand yuan)	课题参加人员全时当量(人・年) Full-time equivalent of project participants (man・year)	
				科学家和工程师 Scientists & engineers
1985	6220	298448	30650	23756
1986	6217	256235	30337	23144
1987	7091	334353	29125	22989
1988	7579	406347	29565	24477
1989	8287	478258	31015	26115
1990	8476	500561	30283	26780
1991	8051	472828	25463	22063
1992	9503	665757	24769	22342
1993	9922	8188096	26405	24010
1994	9996	1129106	25374	23149
1995	10139	1169028	23382	21774
1996	9359	1144557	22742	21341
1997	10011	1475554	24437	22945
1998	10738	1626599	24665	23173
1999	10346	1967568	23206	21989
2000	10745	2622420	23202	21832
2001	10370	3084858	22009	20737
2002	10997	3958123	26454	23989
2003	11491	4358637	27101	24709
2004	12026	4968575	30408	28297
2005	12712	5526474	33360	30711

注：1. 课题数包括基础研究、应用研究、试验发展、研究与试验发展成果应用、科技服务和生产性活动课题。

Note: The figures include projects in basic research, applied research, experimental development, application of research and experimental development results, scientific and technical services and productive activities.

2. 课题参加人员全时当量包括参与全部课题的本单位人员及流动人员。

The full-time equivalent of project participants includes those from the institute as well as the floating staff for the project.

6-10 科研机构科技活动课题综合情况(2005 年)
Statistics of S&T Projects in CAS Research Institutions: 2005

地区及学科 Region and field	课题数 Projects		课题经费支出 (千元) Expenditure by project (thousand yuan)	课题参加人员全时当量(人・年) Full-time equivalent of project participants (man・year)	
		当年开题 Number of projects started		本单位人员 Institution staff	流动人员 Floating staff
总 计 Total	**12712**	**3919**	**5526474**	**17605**	**15755**
一、按地区、分院分 By region and branch					
北京地区 Beijing Area	5348	1786	2459410	6936	7653
沈阳分院 Shenyang Branch	946	238	443876	1497	1074
长春分院 Changchun Branch	448	125	351805	1368	346
上海分院 Shanghai Branch	1773	467	946923	2837	2864
南京分院 Nanjing Branch	541	127	132794	483	333
合肥地区 Hefei Area	278	88	154587	527	429
武汉分院 Wuhan Branch	652	209	164207	529	707
广州分院 Guangzhou Branch	756	250	167675	621	591
成都分院 Chengdu Branch	486	137	195366	643	352
昆明分院 Kunming Branch	414	109	72783	429	428

续表 6-10

地区及学科 Region and field	课题数 Projects		课题经费支出 (千元) Expenditure by project (thousand yuan)	课题参加人员全时当量(人·年) Full-time equivalent of project participants (man·year)	
		当年开题 Number of projects started		本单位人员 Institution staff	流动人员 Floating staff
西安分院 Xi'an Branch	224	71	170612	305	115
兰州分院 Lanzhou Branch	538	178	172640	938	528
新疆分院 Xinjiang Branch	206	87	45759	270	238
太原地区 Taiyuan Area	102	47	48037	225	99
二、按学科分 By field					
数学、物理 Mathematics & physics	2163	744	1247630	3804	3147
化学与化工 Chemistry & chemical engineering	1563	429	827780	2693	2312
地学 Earth sciences	3000	1066	588502	2578	2402
生物学 Biological sciences	2996	727	897340	3268	3900
技术科学 Technological sciences	2907	916	1952729	5179	3872
其他 Others	83	37	12493	83	123

注：流动人员指参与课题研究的在学研究生、在站博士后、客座人员及外聘人员等。

Note: The floating staff refers to the post graduates, post doctorate researchers at doctoral stations,visiting scholars and invited staff who are participating in project research.

6-11 科研机构科技活动课

Total S&T Projects in CAS Research

地区及学科 Region and field	基础研究课题 Basic research				
	课题数 Projects	课题经费支出(千元) Expenditure by project (thousand yuan)	课题参加人员全时当量(人·年) Full-time equivalent of project participants (man·year) 本单位人员 Institution staff	流动人员 Floating staff	课题数 Projects
总 计 **Total**	**5401**	**1737633**	**6371**	**6925**	**6356**
一、按地区、分院分 By region and branch					
北京地区 Beijing Area	2458	885017	2902	3693	2544
沈阳分院 Shenyang Branch	300	91839	365	304	547
长春分院 Changchun Branch	91	75475	271	44	278
上海分院 Shanghai Branch	728	229923	869	1197	956
南京分院 Nanjing Branch	297	53321	267	173	233
合肥地区 Hefei Area	137	96241	248	217	126
武汉分院 Wuhan Branch	316	58754	246	391	314
广州分院 Guangzhou Branch	350	63779	267	255	339
成都分院 Chengdu Branch	127	24976	120	105	309
昆明分院 Kunming Branch	250	41804	226	288	130
西安分院 Xi'an Branch	46	13447	33	25	124
兰州分院 Lanzhou Branch	258	99051	524	216	238
新疆分院 Xinjiang Branch	43	4006	34	17	135
太原地区 Taiyuan Area					83

题按活动类型分类(2005 年)

Institutions, by Type of Research: 2005

应用研究课题 Applied research			试验发展课题 Experimental development			
课题经费支出(千元) Expenditure by project (thousand yuan)	课题参加人员全时当量(人·年) Full-time equivalent of project participants (man·year): 本单位人员 Institution staff	课题参加人员全时当量(人·年) Full-time equivalent of project participants (man·year): 流动人员 Floating staff	课题数 Projects	课题经费支出(千元) Expenditure by project (thousand yuan)	课题参加人员全时当量(人·年) Full-time equivalent of project participants (man·year): 本单位人员 Institution staff	课题参加人员全时当量(人·年) Full-time equivalent of project participants (man·year): 流动人员 Floating staff
3150350	**9328**	**7880**	**444**	**340243**	**987**	**453**
1391997	3475	3541	144	105982	278	135
284562	956	663	55	42667	111	74
213532	825	228	59	45306	211	62
592664	1653	1565	33	28864	110	37
77067	200	152	7	2003	11	7
53644	259	194	1	131	2	2
69517	226	304	17	18835	29	10
62621	263	281	14	18777	15	20
133743	433	235	18	27546	50	8
26851	173	121	20	2069	18	11
113606	178	68	11	22054	26	9
61147	321	282	25	8017	54	19
29228	183	161	23	10843	39	49
40171	183	86	17	7149	33	12

地区及学科 Region and field	基础研究课题 Basic research				
	课题数 Projects	课题经费支出(千元) Expenditure by project (thousand yuan)	课题参加人员全时当量(人·年) Full-time equivalent of project participants (man·year)		课题数 Projects
			本单位人员 Institution staff	流动人员 Floating staff	
二、按学科分 By field					
数学、物理 Mathematics & physics	1263	612793	1930	1873	751
化学与化工 Chemistry & chemical engineering	534	265389	877	1033	924
地学 Earth sciences	1431	279161	1254	1105	1425
生物学 Biological sciences	1692	465117	1742	2259	1166
技术科学 Technological sciences	452	110375	524	609	2039
其他 Others	29	4798	45	47	51

地区及学科 Region and field	研究与试验发展成果应用课题 Application of R&D results				
	课题数 Projects	课题经费支出(千元) Expenditure by project (thousand yuan)	课题参加人员全时当量(人·年) Full-time equivalent of project participants (man·year)		课题数 Projects
			本单位人员 Institution staff	流动人员 Floating staff	
总 计 Total	**220**	**182659**	**480**	**325**	**259**
一、按地区、分院分 By region and branch					
北京地区 Beijing Area	100	62364	193	222	101
沈阳分院 Shenyang Branch	32	20488	48	24	11
长春分院 Changchun Branch	12	10316	41	5	6
上海分院 Shanghai Branch	23	73170	108	37	28
南京分院 Nanjing Branch	2	286	4	1	2

续表 6-11

应用研究课题 Applied research			试验发展课题 Experimental development			
课题经费支出(千元) Expenditure by project (thousand yuan)	课题参加人员全时当量(人・年) Full-time equivalent of project participants (man・year)		课题数 Projects	课题经费支出(千元) Expenditure by project (thousand yuan)	课题参加人员全时当量(人・年) Full-time equivalent of project participants (man・year)	
	本单位人员 Institution staff	流动人员 Floating staff			本单位人员 Institution staff	流动人员 Floating staff
486581	1476	1058	97	87825	250	129
459169	1520	1183	54	30599	125	54
274143	1198	1210	42	13132	39	27
400265	1354	1562	70	20552	91	49
1522752	3744	2793	181	188135	482	194
7440	37	75				

科技服务课题 S&T services			生产性活动课题 Production activities			
课题经费支出(千元) Expenditure by project (thousand yuan)	课题参加人员全时当量(人・年) Full-time equivalent of project participants (man・year)		课题数 Projects	课题经费支出(千元) Expenditure by project (thousand yuan)	课题参加人员全时当量(人・年) Full-time equivalent of project participants (man・year)	
	本单位人员 Institution staff	流动人员 Floating staff			本单位人员 Institution staff	流动人员 Floating staff
94726	**386**	**160**	**32**	**20863**	**54**	**12**
14048	86	62	1	2		0
2760	15	8	1	1560	3	2
2665	13	4	2	4511	7	1
15651	76	24	5	6651	22	4
117	1					

地区及学科 Region and field	研究与试验发展成果应用课题 Application of R&D results				
	课题数 Projects	课题经费支出 (千元) Expenditure by project (thousand yuan)	课题参加人员全时当量(人·年) Full-time equivalent of project participants (man·year)		课题数 Projects
			本单位人员 Institution staff	流动人员 Floating staff	
合肥地区 Hefei Area	5	3475	11	8	9
武汉分院 Wuhan Branch	1	538	0	2	4
广州分院 Guangzhou Branch	10	5015	10	15	42
成都分院 Chengdu Branch	13	3053	23		6
昆明分院 Kunming Branch	1	135	1	1	13
西安分院 Xi'an Branch	11	1548	16	6	24
兰州分院 Lanzhou Branch	9	2155	23	5	7
新疆分院 Xinjiang Branch	1	116	2		4
太原地区 Taiyuan Area					2
二、按学科分 By field					
数学、物理 Mathematics & physics	27	29468	66	67	25
化学与化工 Chemistry & chemical engineering	26	60081	99	20	19
地学 Earth sciences	14	1401	5	10	87
生物学 Biological sciences	8	2006	9	5	60
技术科学 Technological sciences	145	89703	300	223	65
其他 Others					3

续表 6-11

科技服务课题 S&T services			生产性活动课题 Production activities			
课题经费支出(千元) Expenditure by project (thousand yuan)	课题参加人员全时当量(人·年) Full-time equivalent of project participants (man·year)		课题数 Projects	课题经费支出(千元) Expenditure by project (thousand yuan)	课题参加人员全时当量(人·年) Full-time equivalent of project participants (man·year)	
	本单位人员 Institution staff	流动人员 Floating staff			本单位人员 Institution staff	流动人员 Floating staff
1096	7	7				
16563	27	1				
17453	64	21	1	30	1	
1482	6	4	13	4566	11	
1924	12	7				
16705	45	5	8	3252	7	3
1979	14	4	1	291	3	2
1566	12	11				
717	9	2				
30963	83	21				
10072	52	17	6	2470	19	5
20635	82	49	1	30	1	
9400	72	26				
23401	96	46	25	18363	34	7
255	2	1				

6-12 科研机构科技活动课题
Total S&T Projects in CAS Research

地区及学科 Region and field	国 家 State				
	课题数 Projects	课题经费支出(千元) Expenditure by project (thousand yuan)	课题参加人员全时当量(人·年) Full-time equivalent of project participants (person·year)		课题数 Projects
			本单位人员 Institution staff	流动人员 Floating staff	
总 计 Total	**6488**	**3116736**	**9130**	**8862**	**2182**
一、按地区、分院分 By region and branch					
北京地区 Beijing Area	3140	1531603	4106	4898	869
沈阳分院 Shenyang Branch	534	232394	877	647	121
长春分院 Changchun Branch	254	243927	842	173	51
上海分院 Shanghai Branch	821	483381	1263	1468	267
南京分院 Nanjing Branch	304	80353	249	184	109
合肥地区 Hefei Area	139	81654	213	245	65
武汉分院 Wuhan Branch	241	63653	208	324	181
广州分院 Guangzhou Branch	272	56643	202	211	128
成都分院 Chengdu Branch	177	144254	326	109	79
昆明分院 Kunming Branch	157	24322	152	190	93
西安分院 Xi'an Branch	131	91232	194	81	22
兰州分院 Lanzhou Branch	220	48957	353	219	140
新疆分院 Xinjiang Branch	48	19821	55	63	48
太原地区 Taiyuan Area	50	14542	92	50	9

按主要任务来源分类(2005 年)

Institutions, by Source of Project: 2005

中国科学院 CAS			地方 Locality			
课题经费支出(千元) Expenditure by project (thousand yuan)	课题参加人员全时当量(人·年) Full-time equivalent of project participants (man·year)		课题数 Projects	课题经费支出(千元) Expenditure by project (thousand yuan)	课题参加人员全时当量(人·年) Full-time equivalent of project participants (man·year)	
	本单位人员 Institution staff	流动人员 Floating staff			本单位人员 Institution staff	流动人员 Floating staff
1212813	**3419**	**2922**	**1335**	**229971**	**1381**	**1224**
514673	1277	1254	234	39231	151	173
81408	213	165	82	11065	79	61
43139	159	82	59	18565	166	36
196407	503	406	349	86452	474	507
29216	116	74	34	2987	20	20
52232	188	123	22	1300	22	16
36124	109	184	73	10072	40	61
43434	125	157	202	29286	154	134
16981	96	81	84	10449	67	68
31416	134	139	65	4443	52	42
71494	31	7	6	211	6	
83103	344	157	41	4881	40	30
8736	92	81	62	7800	73	56
4450	33	12	22	3229	38	21

地区及学科 Region and field	国家 State				
	课题数 Projects	课题经费支出(千元) Expenditure by project (thousand yuan)	课题参加人员全时当量(人·年) Full-time equivalent of project participants (man·year)		课题数 Projects
			本单位人员 Institution staff	流动人员 Floating staff	
二、按学科分 By field					
数学、物理 Mathematics & physics	1196	603328	1828	1784	414
化学与化工 Chemistry & chemical engineering	894	425984	1445	1475	198
地学 Earth sciences	1398	248406	1205	1201	512
生物学 Biological sciences	1388	441713	1515	2080	713
技术科学 Technological sciences	1582	1394302	3118	2277	324
其他 Others	30	3003	19	45	21

地区及学科 Region and field	企业委托 Entrusted by enterprises				
	课题数 Projects	课题经费支出(千元) Expenditure by project (thousand yuan)	课题参加人员全时当量(人·年) Full-time equivalent of project participants (man·year)		课题数 Projects
			本单位人员 Institution staff	流动人员 Floating staff	
总计 Total	**800**	**358796**	**1168**	**627**	**1388**
一、按地区、分院分 By region and branch					
北京地区 Beijing Area	391	128329	476	345	463
沈阳分院 Shenyang Branch	96	68653	156	83	83
长春分院 Changchun Branch	21	13650	74	15	50
上海分院 Shanghai Branch	36	21556	74	41	253
南京分院 Nanjing Branch	13	2181	21	4	49

续表 6-12

中国科学院 CAS			地方 Locality			
课题经费支出(千元) Expenditure by project (thousand yuan)	课题参加人员全时当量(人·年) Full-time equivalent of project participants (man·year)		课题数 Projects	课题经费支出(千元) Expenditure by project (thousand yuan)	课题参加人员全时当量(人·年) Full-time equivalent of project participants (man·year)	
	本单位人员 Institution staff	流动人员 Floating staff			本单位人员 Institution staff	流动人员 Floating staff
411492	979	565	92	13596	116	90
125387	327	338	141	54617	301	193
154917	540	537	435	44872	290	248
269152	865	860	411	68572	355	434
246870	674	590	248	47825	315	247
4995	34	34	8	489	5	12

研究所自选 Institute self-seletion			国际合作 International cooperation			
课题经费支出(千元) Expenditure by project (thousand yuan)	课题参加人员全时当量(人·年) Full-time equivalent of project participants (man·year)		课题数 Projects	课题经费支出(千元) Expenditure by project (thousand yuan)	课题参加人员全时当量(人·年) Full-time equivalent of project participants (man·year)	
	本单位人员 Institution staff	流动人员 Floating staff			本单位人员 Institution staff	流动人员 Floating staff
417090	**1897**	**1652**	**285**	**130684**	**393**	**303**
179737	682	742	133	35058	148	149
30905	126	96	26	19237	46	22
21562	94	30	5	6308	17	7
98726	407	383	18	51058	81	29
12118	47	33	29	5485	27	16

地区及学科 Region and field	企业委托 Entrusted by enterprises				
	课题数 Projects	课题经费支出(千元) Expenditure by project (thousand yuan)	课题参加人员全时当量(人・年) Full-time equivalent of project participants (man・year)		课题数 Projects
			本单位人员 Institution staff	流动人员 Floating staff	
合肥地区 Hefei Area	11	4066	19	7	39
武汉分院 Wuhan Branch	28	32065	55	10	105
广州分院 Guangzhou Branch	37	24124	57	26	85
成都分院 Chengdu Branch	60	13371	61	30	67
昆明分院 Kunming Branch	19	1950	14	7	54
西安分院 Xi'an Branch	15	2073	16	4	41
兰州分院 Lanzhou Branch	45	15427	73	31	64
新疆分院 Xinjiang Branch	8	5599	12	10	34
太原地区 Taiyuan Area	20	25752	61	15	1
二、按学科分 By field					
数学、物理 Mathematics & physics	89	70665	211	69	322
化学与化工 Chemistry & chemical engineering	137	88596	262	123	143
地学 Earth sciences	206	58200	168	124	288
生物学 Biological sciences	99	17370	103	54	244
技术科学 Technological sciences	266	122997	421	252	380
其他 Others	3	968	4	4	11

续表 6-12

研究所自选 Institute self-seletion			国际合作 International cooperation			
课题经费支出(千元) Expenditure by project (thousand yuan)	课题参加人员全时当量(人·年) Full-time equivalent of project participants (man·year)		课题数 Projects	课题经费支出(千元) Expenditure by project (thousand yuan)	课题参加人员全时当量(人·年) Full-time equivalent of project participants (man·year)	
	本单位人员 Institution staff	流动人员 Floating staff			本单位人员 Institution staff	流动人员 Floating staff
14814	80	37				
12549	102	105	13	1664	7	11
9272	62	51	18	3598	11	8
8782	79	54	6	504	6	4
6162	52	27	21	4421	24	21
5388	45	17				
14121	89	48	11	2639	23	35
2890	33	27	5	712	5	1
64	1	2				
130548	599	601	22	4577	30	4
60163	238	139	35	67381	104	34
55647	262	185	86	15493	71	76
71164	289	330	98	21050	107	106
97978	497	379	41	21156	75	74
1590	12	17	3	1027	6	8

6-13 科研机构科技活动课题按技术领域分类(2005 年)

Total S&T Projects in CAS Research Institutions, by Technology Field: 2005

技术领域 Technology field	课题数 Projects	课题经费支出 (千元) Expenditure by project (thousand yuan)	课题参加人员全时当量(人・年) Full-time equivalent of project participants (man・year)	
			本单位人员 Institution staff	流动人员 Floating staff
合　计 **Total**	**9232**	**4458385**	**13683**	**10857**
信息技术 Information technology	1544	1054482	2466	2258
生物和现代农业技术 Biotechnology & modern agricultural technology	2297	697476	2597	2794
新材料技术 New materials technology	974	460197	1852	1141
能源技术 Energy technology	459	248463	713	581
激光技术 Laser technology	261	238556	640	327
先进制造与自动化技术 Advanced manufacturing & automation technology	314	185062	536	317
航天技术 Space technology	415	431489	900	507
资源与环境技术 Resources & environmental technology	1578	355797	1350	1494
其他技术领域 Other technologies	1390	786864	2630	1438

6-14 科研机构科技著作

S&T Works Published by CAS Research Institutions

年份 Year	科技专著 S&T works		译成外文 Those translated into foreign languages		用作大专院校教科书 Those used as text books for universities and colleges		科普著作 Popular science books	
	万字 Ten thousand Chinese characters	种 Title	万字 Ten thousand Chinese characters	种 Title	万字 Ten thousand Chinese characters	种 Title	万字 Ten thousand Chinese characters	种 Title
1985	4323		288		293		601	
1986	4529		413		410		474	
1987	5625	195	717	21	945	33	587	37
1988	8191	455	667	38	854	36	818	35
1989	7798	297	356	18	432	22	984	37
1990	11477	345	285	20	769	27	931	47
1991	9221	319	625	19	900	23	1105	41
1992	8316	245	463	18	383	11	357	12
1993	9792	292	1294	38	125	6	405	16
1994	13978	334	1398	29	248	9	1005	42
1995	11922	337	741	23	241	8	518	25
1996	11044	297	1430	36	109	5	481	24
1997	9541	296	621	19	179	5	990	36
1998	12712	347	804	25	539	14	861	36
1999	14474	371	1866	32	337	12	1114	55
2000	17327	429	1304	42	172	10	2979	103
2001	14650	348	648	31	418	17	2628	97
2002	15319	534	1289	37	1046	20	1102	83
2003	13467	401	1143	31	1303	21	1321	55
2004	15486	330	854	31	607	12	1622	68
2005	12228	330	884	35	414	15	800	60

6-15 科研机构科技著作(2005 年)

S&T Works Published by CAS Research Institutions: 2005

地区及学科 Region and field	科技专著 S&T works		译成外文 Those translated into foreign languages		用作大专院校教科书 Those used as text books for universities and colleges		科普著作 Popular science books	
	万字 Ten thousand Chinese characters	种 Title	万字 Ten thousand Chinese characters	种 Title	万字 Ten thousand Chinese characters	种 Title	万字 Ten thousand Chinese characters	种 Title
总计 Total	**12228**	**330**	**884**	**35**	**414**	**15**	**800**	**60**
一、按地区、分院分 By region and branch								
北京地区 Beijing Area	6694	177	537	24	150	6	508	43
沈阳分院 Shenyang Branch	1463	37	8					
长春分院 Changchun Branch	640	19	173	6	213	6	131	7
上海分院 Shanghai Branch	503	9	97	2				
南京分院 Nanjing Branch	452	11			6	1		
合肥地区 Hefei Area	25	1	25	1				
武汉分院 Wuhan Branch	353	10					10	1
广州分院 Guangzhou Branch	771	15					79	5
成都分院 Chengdu Branch	292	17	7	1	4	1	20	1

续表 6-15

地区及学科 Region and field	科技专著 S&T works		译成外文 Those translated into foreign languages		用作大专院校教科书 Those used as text books for universities and colleges		科普著作 Popular science books	
	万字 Ten thousand Chinese characters	种 Title	万字 Ten thousand Chinese characters	种 Title	万字 Ten thousand Chinese characters	种 Title	万字 Ten thousand Chinese characters	种 Title
昆明分院 Kunming Branch	394	13					17	1
西安分院 Xi'an Branch	71	1			41	1		
兰州分院 Lanzhou Branch	411	15	37	1			19	1
新疆分院 Xinjiang Branch	97	4					16	1
太原地区 Taiyuan Area	62	1						
二、按学科分 By field								
数学、物理 Mathematics & physics	955	29	89	3	81	2	38	2
化学与化工 Chemistry & chemical engineering	1596	47	297	10	178	5	465	18
地学 Earth sciences	3549	101	28	2	141	5	170	10
生物学 Biological sciences	3675	86	402	10	4	1	126	9
技术科学 Technological sciences	1743	50	68	10	10	2		
其他 Others	710	17					1	21

6-16 学校及公共支撑机构科技活动课题综合情况(2005 年)

Statistics of S&T Projects in CAS Schools and Supporting Institutions: 2005

单 位 Unit	课题数合计 Total projects	当年开题 Number of projects started	课题经费支出(千元) Expenditure by project (thousand yuan)	课题参加人员全时当量(人·年) Full-time equivalent of project participants (man·year)	
				本单位人员 Institution staff	流动人员 Floating staff
总 计 Total	**573**	**193**	**174102**	**658**	**284**
中国科学技术大学 University of Science and Technology of China	239	69	34284	237	83
中国科学院研究生院 Graduate School of the Chinese Academy of Sciences	161	56	11856	143	106

续表 6-16

单 位 Unit	课题数合计 Total projects	当年开题 Number of projects started	课题经费支出（千元） Expenditure by project (thousand yuan)	课题参加人员全时当量（人·年） Full-time equivalent of project participants (man · year)	
				本单位人员 Institution staff	流动人员 Floating staff
计算机网络信息中心 Computer Network Information Center	24	2	84379	90	28
中国遥感卫星地面站 China Remote Sensing Satellite Ground Station	26	8	36534	75	17
中国科学院文献情报中心 Library of Chinese Academy of Sciences	68	28	3535	75	40
成都文献情报中心 Chengdu Documentation and Information Center	18	10	883	14	4
武汉文献情报中心 Wuhan Documentation and Information Center	14	8	645	6	
资源环境科学信息中心 Scientific Information Center for Resources and Environment	23	12	1986	18	6

6-17 国家重点实验

Basic Statistics of Staff in the

单位：人

国家重点实验室名称 Names of the state key laboratories	固定研究人员 Permanent researchers	高 级 Senior
总计 Total	**2359**	**1699**
数学、物理 Mathematics & physics		
中国科学院武汉物理与数学研究所波谱与原子分子物理国家重点实验室 State Key Laboratory of Magnetic Resonance and Atomic and Molecular Physics, Wuhan Institute of Physics and Mathematics, CAS	41	37
中国科学院物理研究所、半导体研究所表面物理国家重点实验室 State Key Laboratory of Surface Physics, Institute of Physics and Institute of Semiconductors, CAS	30	27
中国科学院声学研究所声场与声信息国家重点实验室 State Key Laboratory of Acoustics, Speech and Signal Processing, Institute of Acoustics, CAS	29	22
中国科学院物理研究所超导国家重点实验室 State Key Laboratory of Superconductivity, Institute of Physics, CAS	31	28
中国科学院物理研究所磁学国家重点实验室 State Key Laboratory of Magnetism, Institute of Physics, CAS	28	26
中国科学院力学研究所非线性力学国家重点实验室 State Key Laboratory of Nonlinear Mechanics, Institute of Mechanics, CAS	33	26
中国科学院数学与系统科学研究院科学与工程计算国家重点实验室 State Key Laboratory of Scientific and Engineering Computing, Academy of Mathmatics & Systems Science	16	13
中国科学院半导体研究所半导体超晶格国家重点实验室 State Key Laboratory of Superlattices and Microstructures, Institute of Semiconductors, CAS	22	18
中国科学院上海光学精密机械研究所强场激光物理国家重点实验室 State Key Laboratory of High Field Laser Physics,Shanghai Institute of Optics and Fine Mechanics, CAS	46	34
化　学 Chemistry		
中国科学院大连化学物理研究所催化基础国家重点实验室 State Key Laboratory of Catalysis, Dalian Institute of Chemical Physics, CAS	43	32

室人员情况(2005 年)

State Key Laboratories: 2005

(person)

客座研究人员 Guest researchers	国 外 From aboard	国内高级 Senior	人才培养 Talent training 博士后 Postdocs	博 士 Candidates for doctor's degree	硕 士 Candidates for master's degree
1851	**330**	**952**	**481**	**5352**	**3380**
51	4	40	4	102	53
7	1	6	5	55	22
30	7	15	7	29	47
8	6	2		39	16
10	1		3	50	12
18	6	11	4	52	33
17	9	7	14	60	27
21	2	8	7	93	
19	7	9	9	96	35
64	23	41	17	118	15

国家重点实验室名称 Names of the state key laboratories	固定研究人员 Permanent researchers	
		高 级 Senior
中国科学院大连化学物理研究所、化学研究所分子反应动力学国家重点实验室 State Key Laboratory of Molecular Reaction Dynamics, Dalian Institute of Chemical Physics and Institute of Chemistry, CAS	38	23
分子动态与稳态结构国家重点实验室(中国科学院化学研究所、北京大学) State Key Laboratory of Structural Chemistry of Unstable and Stable Species, Institute of Chemistry, CAS and Peking University	35	32
中国科学院上海有机化学研究所生命有机化学国家重点实验室 State Key Laboratory of Bio-Organic and Natural Products Chemistry, Shanghai Institute of Organic Chemistry, CAS	35	15
中国科学院福建物质结构研究所结构化学国家重点实验室 State Key Laboratory of Structural Chemistry, Fujian Institute of Research on the Structure of Matter, CAS	33	26
中国科学院兰州化学物理研究所羰基合成和选择氧化国家重点实验室 State Key Laboratory of Oxo Synthesis and Selective Oxidation, Lanzhou Institute of Chemical Physics, CAS	46	37
中国科学院山西煤炭化学研究所煤转化国家重点实验室 State Key Laboratory of Coal Conversion, Shanxi Institute of Coal Chemistry, CAS	30	25
中国科学院化学研究所、长春应用化学研究所高分子物理与化学国家重点实验室 State Key Laboratory of Polymer Physics and Chemistry, Institute of Chemistry and Changchun Institute of Applied Chemistry, CAS	65	49
中国科学院上海有机化学研究所金属有机化学国家重点实验室 State Key Laboratory of Organornetallic Chemistry, Shanghai Institute of Organic Chemistry, CAS	38	23
中国科学院长春应用化学研究所电分析化学国家重点实验室 State Key Laboratory of Electroanalytical Chemistry, Changchun Institute of Applied Chemistry, CAS	40	23
资源、环境 Resources & environment		
中国科学院大气物理研究所大气科学及地球流体力学数值模拟国家重点实验室 State Key Laboratory of Numerical Modeling for Atmospheric Sciences and Geophysical Fluid Dynamics, Institute of Atmospheric Physics, CAS	51	42
中国科学院广州地球化学研究所有机地球化学国家重点实验室 State Key Laboratory of Organic Geochemistry, Guangzhou Institute of Geochemistry, CAS	50	36
中国科学院地理科学与资源研究所资源与环境信息系统国家重点实验室 State Key Laboratory of Resources and Environmental Information System, Institute of Geographic Sciences and Natural Resources Research, CAS	53	33

续表 6-17

客座研究人员 Guest researchers			人才培养 Talent training		
	国外 From aboard	国内高级 Senior	博士后 Postdocs	博士 Candidates for doctor's degree	硕士 Candidates for master's degree
44		12	4	126	80
18	8	10	14	103	40
12	6		7	60	30
60	6	20	8	118	123
18	2	14		82	60
30		25	1	134	78
20	3	16	24	286	82
69	1	1	7	86	33
18	9	9	5	75	44
21	11	5	10	108	46
13	1	4	10	126	65
20	10	8	26	110	40

国家重点实验室名称 Names of the state key laboratories	固定研究人员 Permanent researchers	高 级 Senior
中国科学院寒区旱区环境与工程研究所冻土工程国家重点实验室 State Key Laboratory of Frozen Soil Engineering, Cold and Arid Regions Environmental and Engineering Research Institute, CAS	35	23
中国科学院地球环境研究所黄土与第四纪地质国家重点实验室 State Key Laboratory of Loess and Quaternary Geology, Institute of Earth Environment, CAS	34	20
中国科学院大气物理研究所大气边界层物理和大气化学国家重点实验室 State Key Laboratory of Atmospheric Boundary Layer Physics and Atmospheric Chemistry, Institute of Atmospheric Physics, CAS	32	23
环境模拟与污染控制国家重点实验室(清华大学、中国科学院生态环境研究中心、北京大学等) State Key Laboratory of Environmental Aquatic Chemistry, Tsinghua University, Research Center for Eco-Environmental Sciences, CAS, and Peking University	33	14
中国科学院地球化学研究所环境地球化学国家重点实验室 State Key Laboratory of Environmental Geochemistry, Institute of Geochemistry, CAS	50	35
黄土高原土壤侵蚀与旱地农业国家重点实验室(水土保持与生态环境研究中心) State Key Laboratory of Soil Erosion and Dryland Farming on Loess Plateau(Inst. of Soil & Water Conservation)	37	28
中国科学院南京地质古生物研究所现代古生物学和地层学国家重点实验室 State Key Laboratory of Palaeobiology and Stratigraphy, Nanjing Institute of Geology and Palaeontology , CAS	26	25
遥感科学国家重点实验室(中国科学院遥感应用研究所、北京师范大学) State Key Laboratory of Remote Sensing Science, Institute of Remote Sensing Applications, CAS and Beijing Normal University	45	32
中国科学院南京土壤研究所土壤与农业可持续发展国家重点实验室 State Key Laboratory of Soil and Sustainable Agriculture, Institute of Soil Science, CAS	51	36
中国科学院地质与地球物理研究所岩石圈演化国家重点实验室 State Key Laboratory of Lithospheric Evolution, Institute of Geology and Geophysics, CAS	43	38
中国科学院生态环境研究中心环境化学与生态毒理学国家重点实验室 State Key Laboratory of Environmental Chemistry and Ecotoxicology, Research Center for Eco-Environmental Sciences, CAS	36	21

续表 6-17

客座研究人员 Guest researchers			人才培养 Talent training		
	国 外 From aboard	国内高级 Senior	博士后 Postdocs	博 士 Candidates for doctor's degree	硕 士 Candidates for master's degree
26	3	18	9	76	28
78	8	57	3	44	59
18	4	11	1	49	19
21	8	9	4	66	41
14	2	8	17	82	52
40	5	30	4	58	88
279	46	150	6	19	25
24	9	15	6	142	165
33		27	12	93	65
22	1	12	24	81	49
19			3	80	28

国家重点实验室名称 Names of the state key laboratories	固定研究人员 Permanent researchers	高级 Senior
生物学 Biological sciences		
中国科学院动物研究所农业虫害鼠害综合治理国家重点实验室 State Key Laboratory of Integrated Management of Pest Insects and Rodents, Institute of Zoology , CAS	28	20
中国科学院生物物理研究所生物大分子国家重点实验室 State Key Laboratory of Biomacromolecules, Institute of Biophysics, CAS	35	35
中国科学院上海生命科学研究院分子生物学国家重点实验室 State Key Laboratory of Molecular Biology, Shanghai Institutes for Biological Sciences, CAS	16	16
中国科学院上海生命科学研究院植物分子遗传国家重点实验室 State Key Laboratory of Plant Molecular Genetics, Shanghai Institutes for Biological Sciences, CAS	47	29
中国科学院水生生物研究所淡水生态与生物技术国家重点实验室 State Key Laboratory of Freshwater Ecology and Biotechnology, Institute of Hydrobiology, CAS	34	32
生物膜与膜生物工程国家重点实验室(中国科学院动物研究所、清华大学、北京大学) State Key Laboratory of Biomembranes and Membrane Biotechnology (Institute of Zoology, CAS, Tsinghua University and Peking University)	10	10
中国科学院动物研究所计划生育生殖生物学国家重点实验室 State Key Laboratory of Reproductive Biology, Institute of Zoology, CAS	26	14
中国科学院微生物研究所微生物资源前期开发国家重点实验室 State Key Laboratory of Microbial Resources, Institute of Microbiology, CAS	39	22
中国科学院上海药物研究所新药研究国家重点实验室 State Key Laboratory of Drug Research, Shanghai Institute of Materia Media, CAS	40	30
中国科学院遗传与发育生物研究所植物细胞与染色体工程国家重点实验室 State Key Laboratory of Plant Cell and Chromosome Engineering, Institute of Genetics and Developmental Biology, CAS	26	15
中国科学院过程工程研究所生化工程国家重点实验室 State Key Laboratory of Biochemical Engineering, Institute of Process Engineering, CAS	39	31
中国科学院昆明植物研究所植物化学与西部植物资源持续利用国家重点实验室 State Key Laboratory of Phytochemistry and Plant Resources in West China, Kunming Institute of Botany, CAS	28	22
中国科学院遗传与发育生物学研究所、微生物研究所植物基因组学国家重点实验室 State Key Laboratory of Plant Genomics, Institute of Genetics and Developmental Biology and Institute of Microbiology, CAS	60	38

续表 6-17

客座研究人员 Guest researchers			人才培养 Talent training		
	国外 From aboard	国内高级 Senior	博士后 Postdocs	博士 Candidates for doctor's degree	硕士 Candidates for master's degree
27	9	10	8	82	35
			6	26	55
21	1	5	7	102	43
20	3	10	5	112	56
14		8	13	88	57
5	4	1	7	29	18
9		4	3	64	10
12	3	9	4	73	26
7	1	4	24	137	85
30	2	6	8	65	20
43	6	35	4	86	84
13	2	6	3	74	54
36		4	6	191	47

国家重点实验室名称 Names of the state key laboratories	固定研究人员 Permanent researchers	高 级 Senior
中国科学院植物研究所系统与进化植物学国家重点实验室 State Key Laboratory of Systematic and Evolutionary Botany，Institute of Botany,CAS	46	29
中国科学院生物物理研究所脑与认知科学国家重点实验室 State Key Laboratory of Brain and Cognitive Science, Institute of Biophysics, CAS	34	25
病毒学国家重点实验室(武汉大学、中国科学院武汉病毒研究所) State Key Laboratory of Virology, Wuhan University and Wuhan Institute of Virology, CAS	11	10
技 术 科 学 Technological sciences		
中国科学院上海技术物理研究所红外物理国家重点实验室 State Key Laboratory of Infrared Physics, Shanghai Institute of Technical Physics, CAS	33	23
中国科学院上海微系统与信息技术研究所、电子学研究所传感技术联合国家重点实验室 State Key Laboratory of Transducer Technology, Shanghai Institute of Microsystem and Information Technology and Institute of Electronics, CAS	83	44
中国科学院长春光学精密机械与物理研究所应用光学国家重点实验室 State Key Laboratory of Applied Optics, Changchun Institute of Optics，Fine Mechanics and Physics, CAS	41	35
中国科学院自动化研究所模式识别国家重点实验室 State Key Laboratory of Pattern Recognition, Institute of Automation, CAS	28	24
中国科学院研究生院信息安全国家重点实验室 State Key Laboratory of Information Security, Graduate School of the Chinese Academy of Sciences	54	34
集成光电子学国家重点实验室(清华大学、吉林大学、中国科学院半导体研究所) State Key Laboratory of Integrated Photoelectronics (Tsinghua University, Jilin University and Institute of Semiconductors, CAS)	14	14
中国科学院西安光学精密机械研究所瞬态光学技术国家重点实验室 State Key Laboratory of Transient Optics and Technology, Xi'an Institute of Optics and Precision Mechanics, CAS	48	32
中国科学院光电技术研究所微细加工光学技术国家重点实验室 State Key Laboratory of Optical Technologies on Microfabrication, Institute of Optics and Electronics, CAS	38	17

续表 6-17

客座研究人员 Guest researchers			人才培养 Talent training		
	国 外 From aboard	国内高级 Senior	博士后 Postdocs	博 士 Candidates for doctor's degree	硕 士 Candidates for master's degree
			10	82	63
31	22	5	9	110	90
17		17		75	80
20	3	17	6	52	7
18	2	6	5	115	151
21		6	3	61	74
56	18	30	15	134	105
87	10	59	18	117	122
32		11	3	58	41
28	5	19	5	48	67
17	7	9		31	34

国家重点实验室名称 Names of the state key laboratories	固定研究人员 Permanent researchers	
		高 级 Senior
中国科学院上海微系统与信息技术研究所信息功能材料国家重点实验室 State Key Laboratory of Functional Materials for Informatics, Shanghai Institute of Microsystem and Information Technology, CAS	42	25
中国科学技术大学火灾科学国家重点实验室 State Key Laboratory of Fire Science, University of Science and Technology of China	36	24
中国科学院兰州化学物理研究所固体润滑国家重点实验室 State Key Laboratory of Solid Lubrication, Lanzhou Institute of Chemical Physics, CAS	40	32
中国科学院上海硅酸盐研究所高性能陶瓷和超微结构国家重点实验室 State Key Laboratory of High Performance Ceramics and Superfine Microstructure, Shanghai Institute of Ceramics, CAS	72	45
中国科学院金属研究所金属腐蚀与防护国家重点实验室 State Key Laboratory of Metal Corrosion and Protection, Institute of Metals Research, CAS	28	26
中国科学院软件研究所计算机科学国家重点实验室 State Key Laboratory of Computer Science, Institute of Software, CAS	28	24

续表 6-17

客座研究人员 Guest researchers			人才培养 Talent training		
	国 外 From aboard	国内高级 Senior	博士后 Postdocs	博 士 Candidates for doctor's degree	硕 士 Candidates for master's degree
29	3	11	3	47	44
16	6	10	16	77	131
24	2	18		81	59
27	7	12	6	124	52
14	5	7	7	69	33
15		13	2	44	37

6-18 国家重点实验
Basic Statistics of Research Projects Conducted

单位: 个

学 科 Field	合 计 Total	攻关项目 State key projects	"863" 课题 "863" key projects	"973" 课题 "973" key projects
总 计 Total	**4253**	**84**	**329**	**329**
数学、物理 Mathematics & physics	422		29	44
化学 Chemistry	776	3	34	51
资源、环境 Resources & environment	1054	36	70	67
生物学 Biological sciences	1012	26	89	105
技术科学 Technological sciences	989	19	107	62

6-19 国家重点实验室科研
Statistics of Research Project Funds

单位: 千元

学 科 Field	合 计 Total	攻关项目 State key projects	"863" 课题 "863" key projects	"973" 课题 "973" key projects
总 计 Total	**1235319**	**22755**	**146841**	**234128**
数学、物理 Mathematics & physics	144440		9836	20874
化学 Chemistry	180067	1650	10192	22648

室课题情况(2005 年)
by the State Key Laboratories: 2005

(unit)

国家基金 State funded projects	部委课题 Projects at the ministerial level	学委会审批 Projects selected by academic committees	国际合作 International cooperative projects	其 他 Others
1202	**872**	**528**	**198**	**711**
160	62	51	16	60
229	226	112	42	79
295	208	170	62	146
305	198	103	46	140
213	178	92	32	286

课题经费投入情况(2005 年)
for the State Key Laboratories: 2005

(thousand yuan)

国家基金 State funded projects	部委课题 Projects at the ministerial level	学委会审批 Projects selected by academic committees	国际合作 International cooperative projects	其 他 Others
228948	**328168**	**13859**	**65368**	**195252**
32295	43334	623	4486	32992
39740	64285	3173	13492	24887

学 科 Field	合 计 Total	攻关项目 State key projects	“863”课题 “863” key projects	“973”课题 “973” key projects
资源、环境 Resources & environment	264103	8134	22244	39925
生物学 Biological sciences	302532	6521	39037	81307
技术科学 Technological sciences	344177	6450	65532	69375

6-20 国家重点实验室
Statistics of Research Achievements

学 科 Field	获奖研究成果 Award-winning S&T achievements (项) (item)						
	国家级奖 National awards					院、部 Academy and	
	特等 Special class	一等 1st class	二等 2nd class	三等 3rd class	四等 4th class	特等 Special class	一等 1st class
总 计 **Total**	**1**		**23**			**4**	**24**
数学、物理 Mathematics & physics			1				1
化学 Chemistry			3				4
资源、环境 Resources & environment			5			3	10
生物学 Biological sciences			9			1	4
技术科学 Technological sciences	1		5				5

续表 6-19

国家基金 State funded projects	部委课题 Projects at the ministerial level	学委会审批 Projects selected by academic committees	国际合作 International cooperative projects	其 他 Others
62090	81958	4165	10995	34593
45840	76327	4447	26713	22340
48983	62264	1451	9682	80440

科技成果情况(2005 年)

from the State Key Laboratories: 2005

委奖 ministerial awards		论文 Theses (篇)(No. of articles)		专著 Monographs (种) (title)		授权专利 Patents granted (发明) (Invention) (项) (item)
二等 2nd class	三等 3rd class	国内发表 Published domestically	国际发表 Published internationally	中文 Chinese language	外文 Foreign language	
19	**2**	**3615**	**4345**	**76**	**35**	**603**
		263	586	2	1	68
3		493	1357	16	10	138
7	2	1395	694	31	4	84
5		588	869	14	11	126
4		876	839	13	9	187

6-21 工程中心总体情况

Overall Statistics of Engineering Research Centers

项　目　Items	2001 年	2002 年	2003 年	2004 年	2005 年
一、经济情况 Economic status					
收入总额（万元） Total income (ten thousand yuan)	92822	93682	105849	134396	158249.73
技术性收入（万元） Technology income (ten thousand yuan)	7433	11574	7231	7270	35059.08
生产性收入（万元） Production income (ten thousand yuan)	62716	56035	69748	112526	72765.22
其他（万元） Others (ten thousand yuan)	22673	26073	29100	14600	50425.43
利税总额（万元） Total profit and tax (ten thousand yuan)	19331	16437	15971	20183	7324.45
资产总额（万元） Total assets (ten thousand yuan)	167570	213458	249834	295721	206690.84
固定资产（万元） Fixed assets (ten thousand yuan)	48170	51769	83073	109789	109191.54
二、基本建设 Capital construction					
计划总投资（万元） Total investment (ten thousand yuan)	63724	82738	104369	96783	107285
已完成总投资（万元） Already invested (ten thousand yuan)	52916	90338	102853	128591	176767.44
国家拨款（万元） State allocation (ten thousand yuan)	19554	26556	28668	30670	20858
贷款（万元） Loan (ten thousand yuan)	5487	22425	25662	39226	45908
自筹（万元） Self-raised fund (ten thousand yuan)	24656	33253	43077	46107	48741.9
其他（万元） Others (ten thousand yuan)	3219	8104	5446	12588	61259.54

续表 6-21

项 目 Items	2001 年	2002 年	2003 年	2004 年	2005 年
已完成的基建规模 Already completed capital construction					
投资（万元） Investment (ten thousand yuan)	9378	38224	42122	46906	61891.4
面积（平方米） Floor space (m^2)	45899	259987	288742	113504	330095
三、科技成果 S&T achievements					
获奖总数（项） Total awards (item)	43	22	16	19	24
国家级奖 National awards	5	1	4	1	4
省部级奖 Provincial & ministry awards	18	17	12	18	20
其他 Others	20	4			
专利申请量（件） Patents applied (item)	102	121	194	228	213
专利授权（件） Patents granted (item)	40	54	75	156	127
四、技术转移 Technology transfer					
技术服务、咨询（项） Technical service and consultation (item)	635	598	1597	1941	779
技术培训（人次） Technical training (person·time)	3995	6123	3227	6160	6936
受让企业新增产值(万元) Enterprise's newly increased value of output (ten thousand yuan)	919799	926446	15093	54420	23329

注：我院共有院级以上工程中心 35 个，此表只统计了 34 个工程中心的情况，上海微电子国家工程中心没有上报。

Note: There are 35 engineering research centers under CAS. The statistics of 34 engineering research centers are included in this table. The statistics of Shanghai National Engineering Research Center for Microelectronics is not provided.

6-22 工程中心各

Statistics of Various Kinds of Staff at

工程中心名称 Names of engineering research center	合 计 Total	专业技术人员 Professional technical staff	高 级 Senior	中 级 Inter-mediate
总 计 **Total**	**4040**	**2480**	**625**	**897**
光电子器件国家工程研究中心 National Engineering Research Center for Optoelectronic Devices	23	23	5	7
机器人技术国家工程研究中心 National Engineering Research Center for Robot	444	350	97	201
高档数控国家工程研究中心 National Engineering Center for Hi-End Computer Numerical Control	79	79	25	31
工程塑料国家工程研究中心 National Engineering Center for Engineering Plastics	84	29	3	7
高性能均质合金国家工程研究中心 National Engineering Center for High Performance Homogenized Alloys	60	60	19	28
精细石油化工中间体国家工程研究中心 National Engineering for Fine Petrochemical Intermediates	82	82	26	36
磁性功能材料国家工程研究中心 National Engineering Research Center for Magnetic Materials	498	37	6	9
光盘及其应用国家工程研究中心 National Engineering Research Center for Optical Disks and Applications	27	27	2	4
膜技术国家工程研究中心 Dalian Membrane Center of Engineering R&D	89	81	12	29
生物信息系统国家工程研究中心 National Engineering Research Center for Bioinformation System	271	229	29	38
国家催化工程技术研究中心 National Engineering Research Center for Catalysis	520	197	38	48
国家并行计算机工程技术研究中心 National Research Center of Parallel Computer Engineering & Technology	125	125	51	62
国家专用集成电路设计工程技术研究中心 National Engineering Research Center for ASIC Design	71	60	7	23
国家金属薄膜功能材料工程技术研究中心 National Engineering Research Center for Metallic Thin Film of Functional Materials	24	24	15	6

类人员情况(2005 年)

Engineering Research Centers: 2005

学位 Degrees		学历 Education experience			按工作性质分 By working Sectors					
博士 Ph.D	硕士 MS	研究生 Post graduate	大学 Graduate	其他 Others	管理人员 Adminis-trative staff	研究开发人员 R&D Staff	质量监督人员 Quality super-vision staff	市场营销人员 Market staff	生产人员 Produ-ction staff	其他 Others
251	**435**	**662**	**1114**	**1751**	**468**	**1402**	**150**	**197**	**1279**	**612**
4	2	6	3	14	2	6	2	1	12	8
1	47	47	253	96	79	231	9	24	96	5
4	16	20	32	25	5	36	6	9	17	30
4	8	12	19	53	14	20	3	18	27	2
14	4	18	18	24	3	28	8	3	17	2
15	9	26	24	32	4	49	3	7	17	2
	3	3	34	431	20	28	30	6	414	
1	1	1	8	18	4	2	1	4	9	7
3	12	15	49	24	19	8	2	24	28	8
28	60	88	94	89	43	178		3	2	45
6	14	20	81	419	97	41	40	19	319	9
7	53	60	57	6	8	94	3	5	15	39
7	13	20	23	28	19	41	3	5	3	
15		15	6	3	3	16			4	1

工程中心名称 Names of engineering research center	合 计 Total	专业技术人员 Professional technical staff		
			高 级 Senior	中 级 Inter-mediate
国家生化工程技术研究中心 National Engineering Research Center for Biotechnology	32	32	14	17
国家金属腐蚀控制工程技术研究中心 National Engineering Research Center for Corrosion Control	80	80	22	16
国家天然药物工程技术研究中心 National Engineering and Technology Center for Natural Medicines	29	29	13	13
国家遥感应用工程技术研究中心 National Engineering Research Center for Geoinformatics	21	18	13	5
国家高性能计算机工程技术研究中心 National Engineering Research Center for High Performance Computer	98	98	3	10
国家真空仪器装置工程技术研究中心 National Engineering Research Center of Vacuum Instruments	595	155	50	42
国家节水灌溉工程技术研究中心 National Engineering Research Center for Water-Saving Irrigation	75	75	13	6
中国岩土工程研究中心 Chinese Research Center of Geotechnical Engineering	45	45	12	19
中国科学院有机合成工程研究中心 CAS Engineering Research Center of Organic Synthesis	267	199	24	125
中国科学院计算机语言信息工程研究中心 CAS Engineering Research Center for Computer & Language Information	117	104	14	26
中国科学院信息安全技术工程研究中心 CAS Engineering Research Center for Information Security Technology	36	36	7	26
中国科学院、吉林省北方液晶工程技术研究中心 North Liquid Crystal Engineering R&D Center	26	24	10	7
中国科学院热安全工程研究中心 CAS Engineering Research Center for Thermal Safety	48	48	22	20
中国科学院皮革化工材料工程研究中心 CAS Engineering Research Center for Leather Chemical Materials	68	36	18	8
中国科学院精密铜管工程技术研究中心 CAS Engineering Research Center for Precised Copper Pipes	31	30	13	5
国家光电子晶体材料工程研究中心 National Engineering Research Center for Optoelectronic Crystalline Materials	23	21	12	7
国家淡水渔业工程技术研究中心 National Engineering Research Center for Freshwater Fisheries	21	21	12	8
国家卫星定位系统工程技术研究中心 National Center of GNSS Engineering Technology	16	16	12	4
中国科学院放射性药物联合研究开发中心 CAS Engineering Research Center for Radiopharmaceuticals	15	10	6	4

续表 6-22

学 位 Degrees		学 历 Education experience			按工作性质分 By working Sectors					
博 士 Ph.D	硕 士 MS	研究生 Post graduate	大 学 Graduate	其 他 Others	管理人员 Administrative staff	研究开发人员 R&D Staff	质量监督人员 Quality supervision staff	市场营销人员 Market staff	生产人员 Production staff	其 他 Others
14	12	27	5		1	31				
5	13	18	15	44	14	22	5	10	29	3
2	4	6	20	3	4	17	3		4	1
9	3	12	9		2	18		1		
7	54	61	32	5	4	72		6		16
1	2	3	99	165	50	114	5	10	88	328
5	10	4	39	17	2	63		4		6
	11	11	23	11	2	22	2	2	4	13
	4	4	31	198	27	18	14	15	151	42
10	16	26	68	10	16	70	4	5		9
14	19	32	2	1		32	1			2
4	3	7	10	7	5	20				
24	9	33	13	2	6	22	4	5		11
14	8	9	13	12	8	23		10	23	8
6	3	9	14	8	2	29				
9	11	20	2	1	2	20	1			12
5	6	11	8	2	2	18				1
8	3	11	4	1	1	13	1	1		2
5	2	7	6	2						

主要统计指标解释

人　　员

1. 从事科技活动人员

指职工总数中的科技管理人员、课题活动人员和科技服务人员。

科技管理人员　指院、所领导及业务、人事管理人员。包括：直接从事科技计划管理、课题管理、成果管理、专利管理、科技统计、科技档案管理、科技外事工作、人事管理、教育培训、财务等活动的人员。

课题活动人员　指编制在研究室或课题组的人员。

科技服务人员　指从事图书、情报、测试、试验、咨询、物资器材供应等工作的人员以及实验室、试验工厂(车间)、试验农场的人员。不包括司机、门卫、食堂人员、医务人员、清洁工以及幼儿园、托儿所工作人员等。

2. 科学家和工程师

指具有大学毕业及以上学历的或具有高、中级技术职称(务)的人员。

3. 其他科技人员

指具有大、中专毕业学历或具有初级技术职称(务)的人员。

4. 从事生产、经营活动人员

指主要从事定型产品的批量生产、单位内部招待所、商店、出版印刷等生产经营和对外服务活动的人员。在机构下属经济实体中的院所编制人员也应包括在内。

经　　费

1. 经费

包括暂收(暂付)款，经费收入中各项皆为毛收入。

2. 科技经费筹集额

政府资金　指由各级政府部门直接拨款或企事业单位利用政府资金委托本机构从事科学技术活动所获得的收入。

★财政补助收入　指由中央或地方财政通过预算的形式拨给本机构的经费，包括正常经费和专项经费。单位收到由财政部门拨给主管部门和上级单位转拨的科学事业费，以及由财政部门拨给上级主管部门和上级单位以科研课题或项目下达的科学事业费，均属财政预算拨款。

★承担政府科研项目收入　指本机构为了开展科学研究、新产品试制、中间试验、科技成果示范性推广等科技活动，通过签订协议、合同或其他形式申请并获得的政府经费，包括课题专项、设备专项和其他专项。

技术性收入　指本机构从事科学技术活动所获得的非政府资金(毛收入)，如：企事业单位和社会团体利用自有资金委托本机构开展科学技术活动所提供的资金，由技术开发收入、技术转让收入、技术咨询及服务收入、学术活动和生产科普活动收入几项合计。

★**来自企业** 指本机构通过接受企业委托、为企业提供技术开发、技术咨询服务等形式从事科学技术活动而从企业获得的收入。

★**技术开发收入** 指本机构承接社会各方面委托的有关新技术、新产品、新工艺和新材料及其系统的研究开发任务而获得的收入。

★**技术转让收入** 指本机构通过专利权转让、专利申请权转让、专利实施许可、非专利技术的转让所获得的收入。

★**技术咨询、服务、培训、承包收入** 不包括建设工程的勘探、设计、施工、安装和加工承揽。

★**国外资金** 指中国境外的企业、大学、国际组织、民间组织、金融机构及外国政府提供给在中国境内注册的各类单位用于科技活动的经费。不包括外国在中国注册的企业提供的经费。

★**科技活动借贷款** 指本机构为开展科技活动从各种渠道获得的各种借、贷款。不论偿还形式、期限和数额如何，均按当年获得的借、贷款额填报。不包括基本建设贷款。

★**其他资金** 指除上述各项以外可以用于科技活动的收入。包括国内外社会和个人赞助、捐赠、投资收益等。

3. 科技经费内部支出

指本单位在报告期内用于内部开展科技活动实际支出的费用，包括来自科研渠道以及其他各种渠道的经费实际用于科技活动支出的费用，包括外协加工费。

★**人员费用** 指以货币或实物形式直接或间接支付给科技活动人员的劳动报酬及各种费用，包括各种形式的工资、补助工资、津贴、价格补贴、奖金、福利、失业保险、养老保险、医疗保险、工伤保险、人民助学金等。包括支付给研究生的助学金、奖学金等开支。为科技活动提供间接服务人员的劳务费不计入此项。

★**设备购置费** 指本单位使用非基本建设投资购建费购买用于科技活动的固定资产的实际支出额，固定资产指长期使用而不改变原有的实物形态，单位价值在规定标准以上的主要物资设备。如科研仪器设备、图书资料、实验材料和标本以及其他科研设备。

★**其他日常支出** 指本单位用于科技活动除上述以外的支出。例如，用于科技活动的原材料费、水电能源费、差旅费、加工试验费、设备使用费、计算机机时费、资料印刷费等。培训研究生的消耗性支出也一并统计。

基本建设

1. 基本建设投资实际完成额

指本机构在报告期内完成的用货币表示的基本建设工作量。

2. 自筹

指在当年基本建设投资实际完成额中自筹投资的部分，自筹部分应包括拨改贷后须由机构自身偿还的贷款。

3. 科研仪器设备

指本机构在基本建设投资的实际完成额中购置的科研仪器设备总值。非科研设备购置不计入此项。

4. 科研土建工程

指本机构在基本建设投资的实际完成额中完成的科研土建工作量(如科研楼、试验用房等)。非科研土建工程(如住房等)不计入此项。

科 技 活 动

1. 课题活动分类

基础研究 指为获得新知识而进行的独创性研究。其目的是揭示观察到的现象和事实的基本原理和规律，而不以任何特定的实际应用为目的。

应用研究 指为获得新的科学技术知识而进行的独创性研究。它主要针对某一特定的实际应用目的。应用研究通常是为了确定基础研究成果或知识的可能的用途，或是为达到某一具体的、预定的实际目的确定新的方法(原理)或途径。

★区分基础研究与应用研究的主要标志 具有特定的实际应用目的。

试验发展 利用从研究或实际经验获得的知识，为生产新的材料、产品和装置，建立新的工艺和系统，以及对已生产或建立的上述各项进行实质性的改进，而进行的系统性工作。

★区分科学研究(基础研究和应用研究)与试验发展的主要标志 前者主要是为了增加科学技术知识，后者则是为了开辟新的应用领域(如新材料或新技术)。

★区分科学研究与试验发展及其他有关活动的主要标志 具有创新成分的活动归于前者。

研究与试验发展成果应用 为解决 R&D 活动阶段产生的新产品、新装置、新工艺、新技术、新方法、新系统和服务等投入生产或实际应用所存在的技术问题而进行的系统性活动。它不具有创新成分。此类活动包括为达到生产目的而进行的定型设计和试制以及为扩大新产品生产规模和新方法、新技术、新工艺等的应用领域而进行的适应性试验。

★研究与试验发展、研究与试验发展成果应用和工业生产活动三者之间的界限大致划分如下:

(1) 新产品的研制

实质性的新产品，即完全新的新产品或对现有产品的性能进行重大改进的设计、制造和试验，是研究与试验发展活动。对引进(或购买)现成的技术成果(如专利、技术诀窍、图纸和样机等)进行复制或直接应用而形成新产品的过程，不是研究与试验发展活动，而是研究与试验发展成果应用活动。

(2) 新工艺、新方法的研制

对新工艺、新方法的研制或对现有工艺、生产过程进行实质性的技术改进，是研究与试验发展。采用国内已有的生产工艺或生产过程，而在技术上没有实质性的改进，只是对采用的生产工艺或生产过程做适应性的试验，不属于研究与试验发展，而是研究与试验发展成果应用活动。

(3) 中间试验

新产品、新工艺、新生产过程直接用于生产前，往往要进行中间试验，以解决一系列的技术问题，情况比较复杂，对其是否属于研究与试验发展应视具体情况而定。

如果进行中间试验的直接目的是为了从技术上进一步改进产品、工艺或生产过程或为此目的进行试验以获得经验和收集数据，是研究与试验发展；如果为了进行产品的定型设计，获取生产所需的技术参数，那么就不是研究与试验发展，而是研究与试验发展成果应用活动。

(4) 试生产

试生产是在完成了生产前的各项技术准备后，在正式生产前的“试验性”生产。试生产的直接目的不是对产品或生产过程在技术方面做进一步的改进，而是为了使生产能顺利进行，因而既不属于研究与试验发展，也不属于研究与试验发展成果应用活动。

(5) 质量控制与检验测试

生产过程的质量控制及材料、设备、产品的常规检验、测试，不属于研究与试验发展，也不属于研究与试验发展成果应用活动，原型检验测试和非商业性的试验工厂(中试车间)中的检验测试，属于研究与试验发展。

(6) 市场研究

既不是研究与试验发展，也不是研究与发展成果应用活动。

科技服务　与科学研究与试验发展有关，并有助于科学技术知识的产生、传播和应用的活动。包括：为扩大科技成果的使用范围而进行的示范性推广工作；为用户提供科技情报和文献服务的系统性工作；为用户提供可行性报告、技术方案、建议及进行技术论证等技术咨询工作；自然、生物现象的日常观测、监测，资源的考察和勘探；有关社会、人文、经济现象的通用资料的收集，如统计、市场调查等，以及这些资料的常规分析与整理；为社会和公众提供的测试、标准化、计量、计算、质量控制和专利服务，不包括工商企业为进行正常生产而开展的上述活动。

生产性活动　由于具备特殊的工艺设备条件，或掌握某种技术专长或诀窍，所进行的小量非常规生产。

2. 课题经费支出

指当年为进行该课题研究而从课题经费中直接支出的全部经费(不包括与外单位合作进行该课题研究而拨给对方使用的经费)。

3. 课题参加人员折合全时工作量

指按工作量计算的当年实际参加课题活动的各类人员总数。统计时首先把课题人员分离为全时人员和非全时人员，然后折算为全时工作量。

全时人员　指在本年度工作中，从事该课题活动的工作量(累计工作时间与本人全年工作总时间之比)在 0.9 以上(含 0.9)的人员数。

非全时人员　指在本年度工作中，从事该课题活动的工作量在 0.1~ 0.9 之间的人员数。工作量不到 0.1 不计在内。

全时当量　指全时人员数加所有非全时人员的工作量总和，数值取小数点后一位。

国家重点实验室

1. 固定人员

指由实验室主任聘任并有一定任期的相对稳定的研究人员、技术人员和管理人员。国家重点实验室的固定人员可以由室主任连聘连任。

2. 客座人员

指通过课题申请并获准来开放实验室从事研究工作的所内外工作人员。开放实验室的客座人员没有固定任期，在课题获准进行期内属于开放实验室的人员，享受固定人员同等待遇，课题结束之后，必须离室，因此客座人员是流动的。

3. 学委会审批课题

经学术委员会审议批准，用开放经费支持的课题。固定客座合作课题指由开放实验室固定、客座人员合作共同承担的学委会审批课题。

Explanatory Notes on Key Indicators

Personnel

1. S&T activity personnel

S&T activity personnel comprise S&T management personnel, project activity personnel and S&T service personnel.

S&T management personnel refers to leaders at various levels in the Academy and institutes and those who are engaged in S&T and personnel management, including those who participate directly in such activities as S&T planning, project management, research achievement management, patent management, S&T statistics, management of S&T archives, S&T international cooperation, personnel management, education and training, and finance.

Project activity personnel refers to staff whose payroll is in the laboratory or project research group.

S&T service personnel refers to those engaged in library, information, measurement, testing, consultation, material and equipment supply as well as those working in laboratories, pilot factories (workshops) and experimental farms. They should not include drivers, janitors, and persons working in mess halls, medical houses, nurseries and kindergartens.

2. Scientists and engineers

This heading can be defined as persons who are of higher educational level or have senior or intermediate academic titles.

3. Other S&T personnel

This heading refers to persons who are of specialized higher school or specialized secondary school educational level or have junior or specialized secondary school educational level or have junior academic (or technical) titles.

4. Production and business activity personnel

This mainly refers to staffs who are engaged in the production, business activity and services such as batch process of finalized products, management and services in the guesthouses and shops, and publication and printing. Staff on the CAS and institute payroll who work in the economic entities attached to the institution shall also be included.

Funds

1. Funds

Funds include temporary collection and temporary payment. Items included in the current intramural income are all gross income.

2. Fund-raising for S&T activities

Income from government funds This heading refers to funds directly allocated by government departments at all levels or income obtained by a particular institution through conducting S&T activities entrusted by enterprises and institutions using government funds.

★*Income from government subsidy* This refers to budgetary funds allocated by the central or local financial departments, including normal funds and special funds. The operation funds for scientific research obtained from the financial departments via higher authorities and the operating funds for scientific research obtained from the financial departments via higher authorities designated for research projects are all in the category of financial budgetary allocation.

★*Income from undertaking government research projects* This refers to funds received by a particular institution from the government for the purpose of carrying out S&T activities through signing agreements, contracts or other forms of application, such as scientific research, new product development and experiment, pilot experiment, and demonstration and commercialization of S&T results. This includes special funds for research projects, equipment and other items.

Technical income This refers to the gross income obtained by a particular institution from non-governmental departments for undertaking S&T activities, such as self-raised funds from institutions, enterprises and social organizations for entrusting the particular institution to carry out S&T activities. It also includes income from technology development, technology transfer, technology consultation and service, academic activities and production, and science popularization activities.

★*From enterprises* This refers to the income obtained by a particular institution from the enterprises by undertaking entrusted S&T activities for the enterprises in the form of technology development, technology consultation and service.

★*Income from technology development* This refers to income received by a particular institution from commissioned R&D on new technologies, products, processes, materials and systems.

★*Income from technology transfer* This refers to income received by a particular institution from transfer of its patents, patent application rights, patent licenses and non-patented technologies.

★*Income from technological consultation, services, training and contracts* This heading excludes the income from exploitation of construction engineering, design, construction, installation and contracts for processing.

★*Overseas Funds* This heading refers to the funds provided by overseas enterprises, universities, international organizations, non-government organizations, financial agencies and foreign governments to the institutions and units registered in China for S&T activities. This excludes the funds provided by the foreign enterprises registered in China.

★*Loans for S&T activities* This heading refers to all kinds of loans obtained by a particular institution from various sources for S&T activities. No mater what kind of form, duration and volume of the repayment will be, the total monetary volume of loans obtained in the reference year should be recorded. But, any loans for capital construction is not included.

★*Other Income* This heading refers to the income, both from home and abroad, such as donations from the society and individuals as well as some investment income for S&T activities, etc., which does not fall into the above-mentioned categories.

3. Current Intramural Expenditure

This refers to actual expenditure for S&T activities by a particular institution within the reported period, including all the expenses for S&T activities funded by not only research and development (R&D) channels but also other sources. This also includes the expenditure for the products processing with outside cooperation.

★*Personnel cost* This refers to the expenditure paid by a particular institution to its staff, directly or indirectly, in cash or in kind, including basic salary, subsidiary salary, allowances, price subsidiary, bonus, welfare funds for staff, unemployment insurance, old-aged pension, medical care insurance,

insurance against injury at work, people's fellowship, etc., including stipend and fellowship for graduate students. This excludes the remuneration for personal services.

★ *Equipment purchasing expenditure* This refers to the exact expenditure of non-capital construction investment spent by a particular institution on purchasing fixed assets for S&T activities. Fixed assets cover major equipment and installations with unit price above the set quota, which can be used over a long period of time without changing their original material forms (or appearances), such as scientific research equipment and installations, books, library materials, laboratory materials and specimens as well as other facilities for research activities.

★ *Other daily expenditure* This refers to the expenditure spent by a particular institution for S&T activities, which is not included in the above-mentioned items, such as costs of raw materials for the performance of S&T activities, charges for water and electricity, travel, expenses directly associated with processing and experiments, costs of equipment utilization, computer times, printing of materials, etc. Consumptive expenditure for graduate student training is also included.

Capital Construction

1. Actual expenditure in capital investment

This refers to the amount of capital construction work completed by a particular institution in the reference year, which is expressed in monetary terms.

2. Self-raised funds

This refers to funds raised by a particular institution in the actual spending in capital investment. It includes loans, which should be paid back by the institution itself after the reform of the S&T appropriation system.

3. Scientific research instruments and equipment

This refers to the total expenditure on scientific research equipment in the actual capital expenditure. Expenditure on non-research equipment is not included in this category.

4. Civil engineering projects for scientific research

This refers to the actual amount of work completed by a particular institution on research facilities (such as research and experiment buildings) in the actual expenditure of capital investment. Construction project not for research purpose (such as living quarters) is not included.

S&T Activities

1. Classification by project activity

Basic research Basic research can be defined as any original research undertaken to acquire new knowledge. Its purpose is to explore the underlying principles and laws of observed phenomena and facts, without any particular practical application in view.

Applied research Applied research is defined as any original research undertaken in order to acquire new scientific and technological knowledge. It is, however, directed primarily towards a specific practical aim or objective. Applied research is usually undertaken to determine the possible application of the results or knowledge from basic research, or to determine new methods or ways of achieving some specific and predetermined practical aim.

★The main criterion for distinguishing basic research from applied research is that the latter has specific practical application in view.

Experimental development Experimental development can be defined as any systematic work, drawing on existing knowledge gained from research and/or practical experience, that is directed to producing new materials, products and devices, to installing new processes and systems, and to improving substantially those already produced or installed.

★The main criterion for distinguishing scientific research (basic or applied) from experimental development is that whereas the former is primarily directed towards the increase of S&T knowledge, the latter is directed towards the introduction of new application (e.g. new materials or technologies).

★The main criterion for distinguishing scientific research from experimental development is that the former involves creative activities.

Application of research and experimental development results Application of research and experimental development results can be defined as any systematic work that is directed to the technical issues in the production and practical use of new products, new devices, new processes, new techniques, new methods, new systems and services which are generated from research and development results. This kind of activity does not involve creation and innovation. It includes finalized design and pilot development for production purposes as well as adaptability testing directed to expanding the production scale of new products and the application of new methods, technologies and processes.

★The main criterion for distinguishing research and experimental development, application of research and experimental development results, and industrial activities is basically the following:

(1) Development of new products

Activities directed towards the development of new products, that is, completely new products, substantial improvement of the design, development and experiment on the properties of existing products, should be defined as research and experimental development, while the process of producing new products through copy or direct use of imported (or purchased) technical results (such as patents, technical know-how, blueprints and prototypes) should not be mentioned as research and experimental development. It falls into the category of application of research and experimental development results.

(2) Development of new processes and methods

The development of new processes or methods and the substantial technical improvement of existing technologies and production processes are research and experimental development. Activities involved in adopting existing domestic production techniques or processes without making substantial improvements (or when only adaptability testing is conducted) cannot be considered as research and experimental development. They are the application of research and experimental development results.

(3) Pilot experiment

Before new products, technologies and production processes can be used in production; pilot experiments are usually carried out in order to solve a series of technical issues. These experiments are complex in nature and whether they are considered as research and experimental development or not can only be judged according to concrete conditions.

If the immediate aim of the pilot experiment is to make further technical improvement of existing technologies and production processes are research acquisition of experience and data for that purpose, the activity should be regarded as research and experimental development. If, on the contrary, the immediate aim is to make finalized design for a product and to obtain technical data needed for the production, the activity should be regarded as research and experimental development. It is part of the application of research and experimental development results.

(4) Trial production

Trial production can be defined as “experimental” production conducted after various technical preparations are completed but before full scale production is started. Since the immediate aim of trial production is not to make further technical improvement of the product or the production process concerned but to get the production process working smoothly, it is neither research and experimental development, nor application of research and experimental development results.

(5) Quality control, checking and testing

Quality control of production processes and routine checking and testing of materials, devices and products are neither research and experimental development nor application of research and experimental development results. However, the testing of prototypes and testing conducted in a non-commercial pilot plant (workshop) should be regarded as research and experimental development.

(6) Market study

This is neither research and experimental development, nor application of research and experimental development results.

Scientific and technical services Scientific and technical services can be defined as any activities concerned with scientific research and experimental development and contributing to the generation, dissemination and application of scientific and technological knowledge. They include the demonstration and popularization activities to introduce the application of scientific and technological results; systematic work on scientific and technological information and documentation services; technical consultation provided to users such as feasibility studies, technical schemes, proposals and technical investigations; routine observation and monitoring of natural and biological phenomena, surveying and exploration of resources; and the gathering of general information on social, human and economic phenomena (such as statistics and market studies); as well as the routine analysis and compilation of the above mentioned information; testing, standardization, metrology, computation, quality control and patent services (excluding the above mentioned activities carried out by industries for normal production).

Productive activities This heading refers to small-scale non-conventional production undertaken because of possessing special processing equipment and facilities or technical specialties and know-how.

2. Total direct expenditure by project group

This refers to the total funds actually spent directly by the project group for the research of the project. It does not include funds transferred to the cooperators if the project is conducted jointly.

3. Full-time equivalent of project activity personnel

This refers to the total number of various kinds of personnel who actually participate in the project activities in the reference year, calculated according to their work load. In making the statistics, the project activity personnel are first classified as full-time personnel and part-time personnel and their work load are then converted into full-time work load.

Full-time personnel This refers to the number of personnel whose work load for the project activity (the ratio between accumulated working hours spent on the project activity and the total hours worked in the reference year) is 0.9 or above.

Part-time personnel This refers to the number of personnel whose work load for the project activity is from 0.1 to 0.9.Those whose work load for the project activity is less than 0.1 are not included.

Full-time equivalent This refers to the total work load of full-time personnel and part-time personnel.

State Key Laboratories

1. Permanent researchers

This refers to research, technical and managerial personnel who are invited or engaged by the directors of the open laboratories to serve for certain terms.

2. Guest researchers

This refers to scientists both inside and outside the institutes who conduct research activities at the State Key laboratories after their research applications have been approved. Guest researchers do not serve for fixed terms. They are on the staff of the State Key laboratories within the allowed period for pursuing their research subjects and enjoy the same treatment as the permanent staff does, but must leave the laboratories upon completion of their research.

3. Projects approved by the academic committees

This refers to research projects, which are approved by the academic committees and funded by the open laboratory research funds. Jointly conducted projects refer to those research projects which are approved by the academic committees and are jointly conducted by the permanent staff and guest researchers of the State Key Laboratories.

七、人才培养与引进

TALENT TRAINING AND RECRUITMENT

7-1 中国科学技术大学录取和毕业大学生情况

Enrollment and Graduation of Undergraduate Students in the University of Science and Technology of China

单位：人 (person)

年份 Year	录取大学生 Total enrollment			毕业大学生 Total graduation		
	合计 Total	本科 Regular college courses	专科 Special college courses	合计 Total	本科 Regular college courses	专科 Special college courses
1978	999	999				
1979	3009	3009		869	799	70
1980	557	557		1451	1334	117
1981	568	568		108		108
1982	639	588	51	690	690	
1983	721	662	59	668	668	
1984	758	714	44	529	476	53
1985	835	777	58	593	534	59
1986	752	752		574	574	
1987	985	810	175	572	572	
1988	1054	774	280	850	638	212
1989	748	632	116	892	687	205
1990	860	695	165	1003	734	269
1991	970	776	194	820	683	137
1992	1291	865	426	987	821	166
1993	1870	1032	838	899	684	215
1994	1721	1084	637	869	493	376
1995	1621	1123	498	1502	611	891
1996	1759	1148	611	1494	867	627
1997	1448	1248	200	1366	886	480
1998	1583	996	587	1590	1450	140
1999	1980	1840	140	1181	984	197
2000	2042	1902	140	1875	1540	335
2001	2005	1825	180	1986	1704	282
2002	1863	1863		2012	1871	141
2003	1862	1862		2321	2321	
2004	1848	1848		1754	1754	
2005	1842	1842		1763	1763	

7-2　录取研究生和授予学位情况

Total Enrollment of Graduate Students and Degrees Granted

单位：人　　(person)

年份 Year	录取研究生 Total enrollment			授予学位 Total degrees granted		
	合计 Total	博士 Doctor's degree	硕士 Master's degree	合计 Total	博士 Doctor's degree	硕士 Master's degree
1955~1965	1287		1287			
1978	1400		1400			
1979	351		351			
1980	193		193			
1981	1123	107	1016	974		974
1982	1329	42	1287	178		178
1983	1334	59	1275	205		205
1984	1772	253	1519	469		469
1985	2349	372	1977	1181	72	1109
1986	2314	392	1922	998	78	920
1987	2361	561	1800	1187	82	1105
1988	2325	513	1812	2255	189	2066
1989	1966	416	1550	2370	313	2057
1990	1883	488	1395	1662	226	1436
1991	1862	562	1300	1940	326	1614
1992	2197	702	1495	1580	278	1302
1993	2383	724	1659	1019	244	775
1994	3024	1180	1844	1529	413	1116
1995	3372	1466	1906	1693	518	1175
1996	3631	1603	2028	2179	689	1490
1997	3605	1605	2000	2516	849	1667
1998	3769	1720	2049	2391	1111	1280
1999	4287	1926	2361	2769	1213	1556
2000	5807	2622	3185	2662	1247	1415
2001	7344	3171	4173	2953	1473	1480
2002	9346	3943	5403	3009	1451	1558
2003	11439	5004	6435	4019	1931	2088
2004	12981	5562	7419	5092	2428	2664
2005	13639	5691	7948	6851	3116	3735

7-3 研究生招收培养及
Total Enrollment of Graduate

单位：人

招生单位 Institution	录取研究生 Enrollment in 2005			在学研究生 At school		
	合计 Total	博士 Ph.D.	硕士 MS	合计 Total	博士 Ph.D.	硕士 MS
总计 Total	**13639**	**5691**	**7948**	**38059**	**16257**	**21802**
北京市 Beijing	5320	2367	2953	14176	6707	7469
数学与系统科学研究院 Academy of Mathematics & Systems Science	166	79	87	443	238	205
物理研究所 Inst. of Physics	251	130	121	723	402	321
声学研究所 Inst. of Acoustics	139	61	78	395	183	212
理论物理研究所 Inst. of Theoretical Physics	40	20	20	114	57	57
理化技术研究所 Technical Inst. of Physics and Chemistry	136	58	78	365	196	169
高能物理研究所 Inst. of High Energy Physics	151	71	80	437	202	235
国家天文台 National Astronomical Observatories of China	128	46	82	346	131	215
力学研究所 Inst. of Mechanics	112	36	76	302	115	187
化学研究所 Inst. of Chemistry	323	198	125	892	525	367
生态环境研究中心 Research Center for Eco-Environmental Sciences	173	113	60	481	340	141
过程工程研究所 Inst. of Process Engineering	100	50	50	330	155	175
地理科学与资源研究所 Inst. of Geographic Sciences and Natural Resources Research	186	110	76	511	327	184
地质与地球物理研究所 Inst. of Geology and Geophysics	190	100	90	484	291	193
古脊椎动物与古人类研究所 Inst. of Vertebrate Paleontology and Paleoanthropology	14	4	10	33	8	25

授予学位情况(2005 年)

Students and Degrees Granted: 2005

(person)

授予博士学位 Doctor's degree				授予硕士学位 Master's degree			
合 计 Total	理 学 Natural sciences	工 学 Engineering	其 他 Other	合 计 Total	理 学 Natural sciences	工 学 Engineering	其 他 Other
3116	**2096**	**938**	**82**	**3735**	**1216**	**1399**	**1120**
1248	860	369	19	900	333	459	108
72	64		8	30	23		7
77	77			12	12		
39	5	34		31	5	26	
14	14			3	3		
52	44	8		12	4	8	
37	34	3		12	7	5	
18	18			31	30	1	
10	6	4		19	7	12	
100	100			1	1		
70	67	2	1	20	20		
28		28		18		18	
87	87			47	46	1	
57	50	7		15	11	4	
1	1			2	2		

招生单位 Institution	录取研究生 Enrollment in 2005			在学研究生 At school		
	合计 Total	博士 Ph.D.	硕士 MS	合计 Total	博士 Ph.D.	硕士 MS
大气物理研究所 Inst. of Atmospheric Physics	122	72	50	338	213	125
遥感应用研究所 Inst. of Remote Sensing Application	107	64	43	306	177	129
植物研究所 Inst. of Botany	230	97	133	554	269	285
动物研究所 Inst. of Zoology	128	77	51	362	228	134
心理研究所 Inst. of Psychology	64	30	34	169	82	87
微生物研究所 Inst. of Microbiology	97	51	46	267	147	120
生物物理研究所 Inst. of Biophysics	153	73	80	389	171	218
遗传与发育生物学研究所 Inst. of Genetics and Developmental Biology	175	92	83	511	263	248
北京基因组研究所 Beijing Genomics Inst.	54	19	35	85	19	66
计算技术研究所 Inst. of Computing Technology	293	110	183	862	371	491
计算机网络信息中心 Computer Network Information Center	46	7	39	131	12	119
软件研究所 Inst. of Software	174	50	124	567	192	375
半导体研究所 Inst. of Semiconductors	185	85	100	489	249	240
微电子研究所 Inst. of Microelectronics	89	30	59	220	85	135
电子学研究所 Inst. of Electronics	163	67	96	482	190	292
电工研究所 Inst. of Electric Engineering	84	31	53	245	97	148
工程热物理研究所 Inst. of Engineering Thermophysics	65	25	40	170	73	97
空间科学与应用研究中心 Center for Space Science and Applied Research	97	27	70	251	63	188

续表 7-3

授予博士学位 Doctor's degree				授予硕士学位 Master's degree			
合计 Total	理学 Natural sciences	工学 Engineering	其他 Other	合计 Total	理学 Natural sciences	工学 Engineering	其他 Other
23	23			11	11		
29	29			18	18		
35	35			17	17		
47	47			17	17		
25	25			22	22		
32	32			8	8		
28	28			5	5		
39	39			27	27		
5	5			1	1		
78		78		73		73	
				28	1	27	
30		30		71		71	
61	11	50		17	3	14	
10		10		27		27	
30		30		44		44	
11		11		33		33	
7		7		9		9	
7	7			25	1	24	

招生单位 Institution	录取研究生 Enrollment in 2005			在学研究生 At school		
	合计 Total	博士 Ph.D.	硕士 MS	合计 Total	博士 Ph.D.	硕士 MS
自动化研究所 Inst. of Automation	199	109	90	527	296	231
中国遥感卫星地面站 China Remote Sensing Satellite Ground Station	28		28	73		73
自然科学史研究所 Inst. of History of Natural Sciences	16	9	7	56	28	28
科技政策与管理科学研究所 Inst. of Policy and Management	40	22	18	92	35	57
中国科学院文献情报中心 Library of Chinese Academy of Sciences	35	15	20	92	40	52
中国科学院研究生院 Graduate School of the Chinese Academy of Sciences	531	113	418	1046	221	825
青藏高原研究所 Inst. of Qinghai-Tibet Plateau	36	16	20	36	16	20
河北省 Hebei Province	20	11	9	58	30	28
渗流流体力学研究所 Inst. of Osmotic Mechanics	20	11	9	58	30	28
山西省 Shanxi Province	102	47	55	302	137	165
山西煤炭化学研究所 Shanxi Inst. of Coal Chemistry	102	47	55	302	137	165
辽宁省、山东省 Liaoning and Shandong provinces	825	385	440	2394	1122	1272
大连化学物理研究所 Dalian Inst. of Chemical Physics	240	130	110	695	375	320
沈阳应用生态研究所 Shenyang Inst. of Applied Ecology	100	45	55	275	135	140
中国科学院沈阳计算技术研究所有限公司 CAS Shenyang Computing Technology Co., Ltd.	45		45	132		132
沈阳自动化研究所 Shenyang Inst. of Automation	100	40	60	300	120	180
金属研究所 Inst. of Metals Research	180	90	90	520	260	260

续表 7-3

授予博士学位 Doctor's degree				授予硕士学位 Master's degree			
合计 Total	理学 Natural sciences	工学 Engineering	其他 Other	合计 Total	理学 Natural sciences	工学 Engineering	其他 Other
62		62		28		28	
				19	19		
4	4			7	6		1
				17			17
6			6	8			8
17	8	5	4	115	6	34	75
3		3		6		6	
3		3		6		6	
32	20	12		10	2	8	
32	20	12		10	2	8	
258	147	107	4	206	66	134	6
71	61	10		29	13	16	
34	30		4	19	16		3
				40		40	
23		23		45		45	
71		71		32		32	

招生单位 Institution	录取研究生 Enrollment in 2005			在学研究生 At school		
	合计 Total	博士 Ph.D.	硕士 MS	合计 Total	博士 Ph.D.	硕士 MS
海洋研究所 Inst. of Oceanology	160	80	80	472	232	240
吉林省 Jilin Province	637	281	356	1674	768	906
长春光学精密机械与物理研究所 Changchun Inst. of Optics, Fine Mechanics and Physics	366	136	230	888	358	530
长春应用化学研究所 Changchun Inst. of Applied Chemistry	211	110	101	615	313	302
东北地理与农业生态研究所 Northeast Inst. of Geography and Agricultural Ecology	60	35	25	171	97	74
上海市、福建省 Shanghai, Fujian Province	1542	730	812	4560	2126	2434
上海应用物理研究所 Shanghai Inst. of Applied Physics	114	50	64	315	140	175
上海天文台 Shanghai Observatory	39	16	23	120	40	80
上海硅酸盐研究所 Shanghai Inst. of Ceramics	120	55	65	355	180	175
上海有机化学研究所 Shanghai Inst. of Organic Chemistry	154	68	86	427	193	234
上海药物研究所 Shanghai Inst. of Materia Medica	143	70	73	405	187	218
上海生命科学研究院 Shanghai Institutes for Biological Sciences	460	231	229	1336	632	704
上海微系统与信息技术研究所 Shanghai Inst. of Microsystem and Information Technology	127	52	75	355	151	204
上海光学精密机械研究所 Shanghai Inst. of Optics and Fine Mechanics	139	78	61	492	273	219
上海技术物理研究所 Shanghai Inst. of Technical Physics	130	60	70	437	197	240
福建物质结构研究所 Fujian Inst. of Research on the Structure of Matter	116	50	66	318	133	185
江苏省 Jiangsu Province	182	89	93	530	247	283

续表 7-3

授予博士学位 Doctor's degree				授予硕士学位 Master's degree			
合计 Total	理学 Natural sciences	工学 Engineering	其他 Other	合计 Total	理学 Natural sciences	工学 Engineering	其他 Other
59	56	3		41	37	1	3
182	143	39		70	42	28	
68	29	39		47	19	28	
87	87			20	20		
27	27			3	3		
404	248	156		231	119	112	
21	17	4		13	11	2	
5	5			17	17		
48		48		10		10	
55	55			5	5		
45	45			13	13		
78	78			26	26		
27		27		20	1	19	
57	11	46		43	8	35	
47	16	31		61	15	46	
21	21			23	23		
45	22		23	45	29		16

招生单位 Institution	录取研究生 Enrollment in 2005			在学研究生 At school		
	合计 Total	博士 Ph.D.	硕士 MS	合计 Total	博士 Ph.D.	硕士 MS
紫金山天文台 Purple Mountain Observatory	37	14	23	101	31	70
南京地理与湖泊研究所 Nanjing Inst. of Geography and Limnology	48	28	20	136	79	57
南京地质古生物研究所 Nanjing Inst. of Geology and Palaeontology	15	7	8	59	28	31
南京土壤研究所 Nanjing Inst. of Soil Science	80	40	40	225	109	116
南京中科天文仪器有限公司 CAS Nanjing Astronomic Instrument Co., Ltd.	2		2	9		9
安徽省 Anhui Province	2702	790	1912	7938	2365	5573
合肥物质科学研究院 Hefei Institutes of Physical Sciences	277	110	167	916	378	538
中国科学技术大学 University of Science and Technology of China	2425	680	1745	7022	1987	5035
湖北省 、湖南省 Hubei and Hunan provinces	479	212	267	1327	576	751
武汉物理与数学研究所 Wuhan Inst. of Physics and Mathematics	89	39	50	259	114	145
武汉岩土力学研究所 Wuhan Inst. of Rock and Soil Mechanics	60	35	25	170	92	78
测量与地球物理研究所 Inst. of Geodesy and Geophysics	27	8	19	80	26	54
武汉植物园 Wuhan Botanical Garden	41	16	25	112	40	72
水生生物研究所 Inst. of Hydrobiology	155	69	86	413	193	220
武汉病毒研究所 Wuhan Inst. of Virology	75	33	42	211	89	122
亚热带农业生态研究所 Inst. of Subtropical Agriculture	32	12	20	82	22	60
广东省 Guangdong Province	439	212	227	1257	620	637

续表 7-3

授予博士学位 Doctor's degree				授予硕士学位 Master's degree			
合计 Total	理学 Natural sciences	工学 Engineering	其他 Other	合计 Total	理学 Natural sciences	工学 Engineering	其他 Other
1	1			8	8		
16	16			11	11		
5	5			3	3		
23			23	21	5		16
				2	2		
489	264	201	24	1671	209	486	976
77	62	15		123	66	57	
412	202	186	24	1548	143	429	976
82	67	15		93	72	21	
19	19			14	14		
12		12		18		18	
6	3	3		13	10	3	
1	1			12	12		
41	41			11	11		
3	3			11	11		
				14	14		
87	87			106	70	35	1

招生单位 Institution	录取研究生 Enrollment in 2005			在学研究生 At school		
	合计 Total	博士 Ph.D.	硕士 MS	合计 Total	博士 Ph.D.	硕士 MS
中科院广州化学有限公司 CAS Guangzhou Chemistry Co., Ltd.	25	10	15	93	28	65
广州地球化学研究所 Guangzhou Inst. of Geochemistry	194	118	76	587	364	223
南海海洋研究所 South China Sea Inst. of Oceanology	76	32	44	244	114	130
华南植物园 South China Botanical Garden	101	39	62	228	98	130
广州能源研究所 Guangzhou Inst. of Energy Conversion	43	13	30	105	16	89
四川省 Sichuan Province	318	140	178	905	397	508
中国科学院成都有机化学有限公司 CAS Chengdu Organic Chemistry Co., Ltd.	60	30	30	182	92	90
成都山地灾害与环境研究所 Chengdu Inst. of Mountain Hazards and Environment	47	23	24	154	78	76
成都生物研究所 Chengdu Inst. of Biology	80	37	43	207	94	113
中科院成都信息技术有限公司 CAS Chengdu Information Technology Co., Ltd.	38	12	26	97	33	64
光电技术研究所 Inst. of Optics and Electronics	93	38	55	265	100	165
云南省、贵州省 Yunnan and Guizhou provinces	311	128	183	851	352	499
昆明植物研究所 Kunming Inst. of Botany	89	42	47	241	110	131
西双版纳热带植物园 Xishuangbanna Tropical Botanical Garden	60	17	43	160	42	118
昆明动物研究所 Kunming Inst. of Zoology	72	29	43	189	84	105
地球化学研究所 Inst. of Geochemistry	90	40	50	261	116	145
陕西省 Shaanxi Province	209	76	133	586	206	380

续表 7-3

授予博士学位 Doctor's degree				授予硕士学位 Master's degree			
合 计 Total	理 学 Natural sciences	工 学 Engineering	其 他 Other	合 计 Total	理 学 Natural sciences	工 学 Engineering	其 他 Other
6	6			27	21	6	
49	49			12	12		
9	9			22	18	3	1
23	23			19	19		
				26		26	
63	42	21		109	62	46	1
25	22	3		19	15	4	
14	14			13	12		1
4	4			35	35		
9	1	8		10		10	
11	1	10		32		32	
70	70			54	54		
28	28			12	12		
				29	29		
23	23			10	10		
19	19			3	3		
34	14	8	12	79	31	40	8

招 生 单 位 Institution	录取研究生 Enrollment in 2005			在学研究生 At school		
	合 计 Total	博 士 Ph.D.	硕 士 MS	合 计 Total	博 士 Ph.D.	硕 士 MS
国家授时中心 National Time Service Center	26	8	18	59	17	42
水土保持与生态环境研究中心 Inst. of Soil & Water Conservation	44	22	22	114	53	61
西安光学精密机械研究所 Xi'an Inst. of Optics and Precision Mechanics	110	35	75	330	105	225
地球环境研究所 Inst. of Earth Environment	29	11	18	83	31	52
甘肃省、青海省 Gansu and Qinghai provinces	414	187	227	1148	526	622
近代物理研究所 Inst. of Modern Physics	82	27	55	197	67	130
兰州化学物理研究所 Lanzhou Inst. of Chemical Physics	105	58	47	310	174	136
兰州地质研究所 Lanzhou Inst. of Geology	17	7	10	48	19	29
青海盐湖研究所 Qinghai Inst. of Saline Lakes	36	11	25	99	27	72
西北高原生物研究所 Northwest Inst. of Plateau Biology	46	16	30	118	38	80
寒区旱区环境与工程研究所 Cold and Arid Regions Environmental and Engineering Research Inst.	128	68	60	376	201	175
新疆维吾尔自治区 Xinjiang Uygur Autonomous Region	139	36	103	353	78	275
新疆理化技术研究所 Xinjiang Technical Inst. of Physics and Chemistry	43	8	35	113	8	105
新疆生态与地理研究所 Xinjiang Inst. of Ecology and Geography	96	28	68	240	70	170

续表 7-3

授予博士学位 Doctor's degree				授予硕士学位 Master's degree			
合计 Total	理学 Natural sciences	工学 Engineering	其他 Other	合计 Total	理学 Natural sciences	工学 Engineering	其他 Other
1	1			6	6		
12			12	13	5		8
13	5	8		49	9	40	
8	8			11	11		
119	112	7		99	86	12	1
16	9	7		16	5	11	
56	56			12	12		
4	4			9	9		
6	6			16	16		
2	2			22	21		1
35	35			24	23	1	
				56	41	12	3
				28	16	12	
				28	25		3

7-4 中国科学院院长奖学金获奖情况
Statistics of CAS President's Scholarship

单位: 人 (person)

年 份 Year	获特别奖人数 Number of special awards	获优秀奖人数 Number of excellence awards
1989	8	136
1990	10	145
1991	10	142
1992	9	154
1993	10	154
1994	15	151
1995	16	152
1996	20	150
1997	20	149
1998	20	150
1999	20	150
2000	20	149
2001	19	151
2002	20	150
2003	20	200
2004	20	199
2005	20	196

7-5 博士后流动站情况(2005 年)
Post-doctoral Researchers Centers: 2005

单位：人 (person)

建站单位 Institutions	在站博士后人数 Number of persons at Post-doctoral Researchers center	其中:外籍博士后在站人数 Of which: number of Post-doctors with foreign citizenship	当年进站博士后人数 Number of Post-doctors enrolled in 2005	当年出站博士后人数 Number of Post-doctors graduated from centers
总 计 **Total**	**1551**	**30**	**613**	**493**
北京市 Beijing	730	10	309	225
数学与系统科学研究院 Academy of Mathematics & Systems Science	48	2	25	25
物理研究所 Inst. of Physics	22		11	11
声学研究所 Inst. of Acoustics	20		8	6
理论物理研究所 Inst. of Theoretical Physics	20	2	11	11
高能物理研究所 Inst. of High Energy Physics	28		14	18
国家天文台 National Astronomical Observatories of China	15		5	2
力学研究所 Inst. of Mechanics	20		8	8
化学研究所 Inst. of Chemistry	26		14	16
理化技术研究所 Technical Inst. of Physics and Chemistry	10		5	1
生态环境研究中心 Research Center for Eco-Environmental Sciences	25		11	4
过程工程研究所 Inst. of Process Engineering	8		3	3
地理科学与资源研究所 Inst. of Geographical Sciences and Natural Resources Research	85		33	17
遥感应用研究所 Inst. of Remote Sensing Application	13		6	3
地质与地球物理研究所 Inst. of Geology and Geophysics	64	2	22	5
古脊椎动物与古人类研究所 Inst. of Vertebrate Paleontology and Paleoanthropology	3		1	
大气物理研究所 Inst. of Atmospheric Physics	18	1	6	7
植物研究所 Inst. of Botany	47		16	8

续表 7-5

建站单位 Institutions	在站博士后人数 Number of persons at Post-doctoral Researchers center	其中:外籍博士后在站人数 Of which: number of Post-doctors with foreign citizenship	当年进站博士后人数 Number of Post-doctors enrolled in 2005	当年出站博士后人数 Number of Post-doctors graduated from centers
动物研究所 Inst. of Zoology	21	2	8	8
心理研究所 Inst. of Psychology	12	1	4	3
微生物研究所 Inst. of Microbiology	9		4	3
生物物理研究所 Inst. of Biophysics	14		6	2
遗传与发育生物学研究所 Inst. of Genetics and Developmental Biology	24		14	7
计算技术研究所 Inst. of Computing Technology	24		7	9
软件研究所 Inst. of Software	21		5	7
半导体研究所 Inst. of Semiconductors	17		6	6
电工研究所 Inst. of Electric Engineering	15		6	3
自动化研究所 Inst. of Automation	31		16	8
电子学研究所 Inst. of Electronics	7		5	5
工程热物理研究所 Inst. of Engineering Thermophysics	6		1	1
空间科学与应用研究中心 Center for Space Science and Applied Research	4		1	2
中国科学院研究生院 Graduate School of the Chinese Academy of Sciences	22		11	10
高等科学技术中心 China Center of Advanced Science and Technology	5		2	2
自然科学史研究所 Inst. of History of Natural Sciences	2			
微电子研究所 Inst. of Microelectronics	4		4	2
科技政策与管理科学研究所 Inst. of Policy and Management	5		3	2
青藏高原研究所 Inst.of Qinghai-Tibet Plateau	12		5	
国家纳米科学中心 National Center for Nano Science and Technology of China	3		2	
山西省 Shanxi Province	1		1	1

续表 7-5

建站单位 Institutions	在站博士后人数 Number of persons at Post-doctoral Researchers center	其中:外籍博士后在站人数 Of which: number of Post-doctors with foreign citizenship	当年进站博士后人数 Number of Post-doctors enrolled in 2005	当年出站博士后人数 Number of Post-doctors graduated from centers
山西煤炭化学研究所 Shanxi Inst. of Coal Chemistry	1		1	1
辽宁省、山东省 Liaoning and Shandong provinces	137		49	37
大连化学物理研究所 Dalian Inst. of Chemical Physics	45		15	17
沈阳应用生态研究所 Shenyang Inst. of Applied Ecology	21		11	3
金属研究所 Inst. of Metals Research	35		12	8
沈阳自动化研究所 Shenyang Inst. of Automation	10		4	3
海洋研究所 Inst. of Oceanology	26		7	6
吉林省 Jilin Province	82	1	32	26
长春应用化学研究所 Changchun Inst. of Applied Chemistry	34	1	21	13
长春光学精密机械与物理研究所 Changchun Inst. of Optics, Fine Mechanics and Physics	40		9	12
东北地理与农业生态研究所 Northeast Inst. of Geography and Agricultural Ecology	8		2	1
上海市、福建省 Shanghai, Fujian Province	155	2	67	84
上海应用物理研究所 Shanghai Inst. of Applied Physics	5		4	4
上海天文台 Shanghai Observatory	6	1	4	3
上海硅酸盐研究所 Shanghai Inst. of Ceramics	7		4	4
上海有机化学研究所 Shanghai Inst. of Organic Chemistry	19		9	14
上海药物研究所 Shanghai Inst. of Materia Medica				
上海生命科学研究院 Shanghai Institutes for Biological Sciences	76	1	33	40
上海微系统与信息技术研究所 Shanghai Inst. of Microsystem and Information Technology	17		6	5
上海光学精密机械研究所 Shanghai Inst. of Optics and Fine Mechanics	11		3	7
上海技术物理研究所 Shanghai Inst. of Technical Physics	6		1	6

续表 7-5

建站单位 Institutions	在站博士后人数 Number of persons at Post-doctoral Researchers center	其中:外籍博士后在站人数 Of which: number of Post-doctors with foreign citizenship	当年进站博士后人数 Number of Post-doctors enrolled in 2005	当年出站博士后人数 Number of Post-doctors graduated from centers
福建物质结构研究所 Fujian Inst. of Research on the Structure of Matter	8		3	1
江苏省 Jiangsu Province	48	1	16	11
紫金山天文台 Purple Mountain Observatory	6	1	5	1
南京地理与湖泊研究所 Nanjing Inst. of Geography and Limnology	17		3	4
南京地质古生物研究所 Nanjing Inst. of Geology and Palaeontology	4			1
南京土壤研究所 Nanjing Inst. of Soil Science	21		8	5
安徽省 Anhui Province	196	1	80	70
合肥物质科学研究院 Hefei Institutes of Physical Sciences	27		6	4
中国科学技术大学 University of Science and Technology of China	169	1	74	66
湖北省 Hubei Province	46	3	15	6
武汉物理与数学研究所 Wuhan Inst. of Physics and Mathematics	6	1	1	2
水生生物研究所 Inst. of Hydrobiology	19	1	5	2
测量与地球物理研究所 Inst. of Geodesy and Geophysics	3	1	1	
武汉岩土力学研究所 Wuhan Inst. of Rock and Soil Mechanics	16		6	2
武汉植物园 Wuhan Botanical Garden	2		2	
广东省 Guangdong Province	60	8	15	12
广州地球化学研究所 Guangzhou Inst. of Geochemistry	51	1	10	12
南海海洋研究所 South China Sea Inst. of Oceanology	5	5	2	
华南植物园 South China Botanical Garden	4	2	3	
云南省、贵州省 Yunnan and Guizhou provinces	27	2	5	6
地球化学研究所 Inst. of Geochemistry	16		3	3
昆明植物研究所 Kunming Inst. of Botany	7		2	2

续表 7-5

建站单位 Institutions	在站博士后人数 Number of persons at Post-doctoral Researchers center	其中:外籍博士后在站人数 Of which: number of Post-doctors with foreign citizenship	当年进站博士后人数 Number of Post-doctors enrolled in 2005	当年出站博士后人数 Number of Post-doctors graduated from centers
昆明动物研究所 Kunming Inst. of Zoology	2			1
西双版纳热带植物园 Xishuangbanna Tropical Botanical Garden	2	2		
四川省 Sichuan Province	6		3	1
中国科学院成都有机化学有限公司 Chengdu CAS Organic Chemistry Co.,Ltd.				
成都山地灾害与环境研究所 Chengdu Inst. of Mountain Hazards and Environment	2		1	
光电技术研究所 Inst. of Optics and Electronics	4		2	1
中科院成都信息技术有限公司 CAS Chengdu Information Technology Co., Ltd.				
陕西省 Shaanxi Province	12		4	3
西安光学精密机械研究所 Xi'an Inst. of Optics and Precision Mechanics	10		4	2
水土保持与生态环境研究中心 Inst. of Soil & Water Conservation				
地球环境研究所 Inst. of Earth Environment	2			1
甘肃省、青海省 Gansu and Qinghai provinces	51	2	17	11
近代物理研究所 Inst. of Modern Physics	8	1	5	1
兰州化学物理研究所 Lanzhou Inst. of Chemical Physics	6		2	2
寒区旱区环境与工程研究所 Cold and Arid Regions Environmental and Engineering Research Inst.	31	1	7	8
兰州地质研究所 Lanzhou Inst. of Geology				
西北高原生物研究所 Northwest Inst. of Plateau Biology	6		3	

7-6 派往国外及香港地区留学人员情况

Statistics of Students and Visiting Scholars Sent Abroad and to Hong Kong Region

单位：人 (person)

年 份 Year	派出总人数 Total number of persons sent out	访问学者 Visiting scholars	研究生 Graduate students	回国人数 Number of people returned
1979	588	489	99	408
1980	651	520	131	517
1981	725	566	159	536
1982	520	395	125	186
1983	559	389	170	36
1984	435	325	110	549
1985	779	555	224	302
1986	919	504	415	317
1987	710	420	290	295
1988	591	373	218	214
1989	410	355	55	199
1990	360	325	35	70
1991	326	313	13	113
1992	389	366	23	226
1993	373	346	27	230
1994	409	378	31	347
1995	415	369	46	322
1996	357	308	49	293
1997	361	331	30	308
1998	432	383	49	543
1999	378	340	38	464
2000	528	447	81	492
2001	401	307	94	360
2002	412	315	97	330
2003	427	351	76	329
2004	313	252	61	298
2005	314	275	39	251

7-7 派往国外及香港地区留学人员情况(2005 年)

Statistics of Students and Visiting Scholars Sent Abroad and to Hong Kong Region: 2005

单位: 人 (person)

派往国家和地区 Country and region	当年派出人数 Number of people sent out in current year			年龄组 Age group			研究课题性质 Field of study		
	总计 Total	访问学者 Visiting scholars	研究生 Graduate students	30 岁以下 Under 30	30~40 岁 30~40	40 岁以上 Over 40	基础 Basic	应用 Applied	其他 Others
合计 Total	**314**	**275**	**39**	**37**	**203**	**74**	**211**	**68**	**35**
美国 USA	91	71	5	5	66	20	61	16	14
加拿大 Canada	15	10	3	3	8	4	8	6	1
英国 UK	64	51	5	7	36	21	40	18	6
法国 France	15	10	2	3	9	3	9	6	
德国 Germany	31	17	4	4	22	5	24	4	3
日本 Japan	17	13	2	2	12	3	11	4	2
澳大利亚 Australia	37	29	3	4	23	10	27	6	4
奥地利 Austria	2	2			2		2		
荷兰 Netherlands	6	5	1	1	3	2	3	2	1
瑞典 Sweden	8	7	1	3	3	2	6	1	1
意大利 Italy	3	3			2	1	2		1
香港 Hong Kong	4	4		1	3		3	1	
韩国 Republic of Korea	2	2			2		1		1
俄罗斯 Russia	5	4	1	1	3	1	4	1	
新加坡 Singapore	6	5	1	1	4	1	3	2	1
其他 Others	8	7	1	2	5	1	7	1	

7-8 职工继续教育

Statistics of Staff Continued Training and

单位：人次

单位 Unit	总计 Total	技能培训 Skill training		科技知识 S&T knowledge			
		外语培训 Foreign language	计算机培训 Computer	专业高级研讨班 S&T seminar	学术会议 Academic meeting	科技讲座 S&T lecture	国内地区进修 Inland advanced study
合计 Total	**124294**	**1284**	**2546**	**4088**	**25341**	**37583**	**867**
一、地区培训 By region							
北京地区 Beijing region	38284	204	554	1168	9218	13380	390
沈阳地区 Shenyang region	10473	10	405	225	3681	3842	5
长春地区 Changchun region	10257	398	799	514	676	3347	31
上海地区 Shanghai region	7193	27	17	457	827	2719	39
南京地区 Nanjing region	4854	16	16	91	414	263	36
合肥地区 Hefei region	7395	32	50	172	3500	2100	2
武汉地区 Wuhan region	13496	41	131	645	3066	6135	49
广州地区 Guangzhou region	5300	51	25	164	1267	1467	146

和社会培训情况(2005 年)

Personnel Trained for the Society: 2005

(person · time)

技术岗位培训 Technical training	管理干部培训 Training for adminis-trator	学历教育 Schooling education		境外培训 Oversea training	为社会培训 Trained for the society	其他培训 Other training
		在职攻读学位 Study for degrees at job	成人高教 Adult higher education			
10609	**9489**	**1210**	**1400**	**837**	**19046**	**9994**
3129	2325	266	51	225	5361	2013
842	225	97	0	179	594	368
2193	754	97	2	15	254	1177
1045	548	159	45	137	83	1090
213	43	14	0	9	3727	12
662	346	60	8	1	0	462
206	1954	73	4	48	899	245
214	245	103	0	36	1240	342

单 位 Unit	总 计 Total	技能培训 Skill training		科技知识 S&T knowledge			
		外语培训 Foreign language	计算机培训 Computer	专业高级研讨班 S&T seminar	学术会议 Academic meeting	科技讲座 S&T lecture	国内地区进修 Inland advanced study
成都地区 Chengdu region	3347	22	30	26	143	308	12
昆明地区 Kunming region	2281	7	193	10	693	1111	11
西安地区 Xi'an region	4164	0	0	0	161	452	55
兰州地区 Lanzhou region	6633	91	129	420	590	1820	53
新疆地区 Xinjiang region	3206	5	47	96	890	84	14
其他地区 Other region	730	0	0	0	60	460	0
二、院校培训 By College							
中国科学院研究生院 Graduate School of the Chinese Academy of Sciences	5087	350	150	100	155	95	10
中国科学技术大学 University of Science and Technology of China	1594	30					14

续表 7-8

技术岗位培训 Technical training	管理干部培训 Training for adminis-trator	学历教育 Schooling education		境外培训 Oversea training	为社会培训 Trained for the society	其他培训 Other training
		在职攻读学位 Study for degrees at job	成人高教 Adult higher education			
723	1903	59	32	19	5	65
16	16	32	7	2	73	110
833	467	20	2	5	2111	58
339	258	169	32	38	2647	47
125	72	23	2	80	1530	238
49	117	20	7	0	0	17
20	202	18	25	10	202	3750
	14		1183	33	320	

7-9 中国科学院“百人计划”招聘情况

Young Scholars Selected into CAS Hundred Talents Program

年 份 Year	招聘人数 Number of scholars selected	招聘类别 Types for selection		
		国内“百人计划” Domestic “Hundred Talents Program”	引进国外杰出人才 Bring in outstanding talents from abroad	海外知名学者 Introduce overseas celebrated scholars
合 计 Total	**1459**	**268**	**967**	**224**
1994	14	14		
1995	20	20		
1996	28	28		
1997	88	69	19	
1998	104	32	72	
1999	115	13	102	
2000	203	13	190	
2001	133	11	105	17
2002	134	23	86	25
2003	92	9	75	8
2004	236	19	156	61
2005	292	17	162	113

注:“百人计划”是中国科学院引进优秀人才计划的总称，从 1997 年起，它分为“引进国外杰出人才”计划和国内“百人计划”两部分；从 2001 年起，增设“海外知名学者”计划。

Note: “Hundred Talents Program” is a general term for the program of introducing excellent talents to CAS. Since 1997, the “Hundred Talents Program” has been expanded to be two programs: “Bring in Outstanding Talents from Abroad” and “Domestic Hundred Talents Program” From 2001, another program of “Introduce Overseas Celebrated Sholars” has been established.

7-10 中国科学院“百人计划”各单位招聘情况
Young Scholars Selected into CAS Hundred Talents Program, by Institution

单　位 Unit	招聘人数 Introduced talents
总 计 Total	**1459**
北京市 Beijing	636
数学与系统科学研究院 Academy of Mathematics & Systems Science	35
物理研究所 Inst. of Physics	69
声学研究所 Inst. of Acoustics	9
理论物理研究所 Inst. of Theoretical Physics	19
理化技术研究所 Technical Inst. of Physics and Chemistry	20
高能物理研究所 Inst. of High Energy Physics	20
国家天文台 National Astronomical Observatories of China	17
力学研究所 Inst. of Mechanics	12
化学研究所 Inst. of Chemistry	60
生态环境研究中心 Research Center for Eco-Environmental Sciences	16
国家纳米科学中心 National Center for Nano Science and Technology of China	5
过程工程研究所 Inst. of Process Engineering	21
地理科学与资源研究所 Inst. of Geographic Sciences and Natural Resources Research	20
青藏高原研究所 Inst.of Qinghai-Tibet Plateau	5
地质与地球物理研究所 Inst. of Geology and Geophysics	22
古脊椎动物与古人类研究所 Inst. of Vertebrate Paleontology and Paleoanthropology	2

续表 7-10

单 位 Unit	招聘人数 Introduced talents
大气物理研究所 Inst. of Atmospheric Physics	24
遥感应用研究所 Inst. of Remote Sensing Application	5
植物研究所 Inst. of Botany	23
动物研究所 Inst. of Zoology	21
心理研究所 Inst. of Psychology	5
微生物研究所 Inst. of Microbiology	24
生物物理研究所 Inst. of Biophysics	18
遗传与发育生物学研究所 Inst. of Genetics and Developmental Biology	37
北京基因组研究所 Beijing Genomics Inst.	7
计算技术研究所 Inst. of Computing Technology	15
软件研究所 Inst. of Software	8
半导体研究所 Inst. of Semiconductors	12
微电子研究所 Inst. of Microelectronics	5
电子学研究所 Inst. of Electronics	6
电工研究所 Inst. of Electric Engineering	5
工程热物理研究所 Inst. of Engineering Thermophysics	10
空间科学与应用研究中心 Center for Space Science and Applied Research	11
自动化研究所 Inst. of Automation	20
自然科学史研究所 Inst. of History of Natural Sciences	2

续表 7-10

单　位 Unit	招聘人数 Introduced talents
中国科学院研究生院 Graduate School of the Chinese Academy of Sciences	26
山西省 Shanxi Province	8
山西煤炭化学研究所 Shanxi Inst. of Coal Chemistry	8
辽宁省、山东省 Liaoning and Shandong provinces	119
大连化学物理研究所 Dalian Inst. of Chemical Physics	41
沈阳应用生态研究所 Shenyang Inst. of Applied Ecology	12
沈阳自动化研究所 Shenyang Inst. of Automation	6
金属研究所 Inst. of Metals Research	36
海洋研究所 Inst. of Oceanology	24
吉林省 Jilin Province	45
长春应用化学研究所 Changchun Inst. of Applied Chemistry	26
东北地理与农业生态研究所 Northeast Inst. of Geography and Agricultural Ecology	8
长春光学精密机械与物理研究所 Changchun Inst of Optics，Fine Mechanics and Physics	11
上海市、福建省 Shanghai,Fujian Province	239
上海应用物理研究所 Shanghai Inst. of Applied Physics	11
上海天文台 Shanghai Observatory	8
上海硅酸盐研究所 Shanghai Inst. of Ceramics	23
上海有机化学研究所 Shanghai Inst. of Organic Chemistry	33
上海生命科学研究院 Shanghai Institutes for Biological Sciences	105
上海微系统与信息技术研究所 Shanghai Inst. of Microsystem and Information Technology	14

续表 7-10

单 位 Unit	招聘人数 Introduced talents
上海光学精密机械研究所 Shanghai Inst. of Optics and Fine Mechanics	21
上海技术物理研究所 Shanghai Inst. of Technical Physics	5
福建物质结构研究所 Fujian Inst. of Research on the Structure of Matter	17
宁波材料技术与工程研究所(筹) Ningbo Inst. of Materials Technology and Engineering	2
江苏省 Jiangsu Province	28
紫金山天文台 Purple Mountain Observatory	6
南京地理与湖泊研究所 Nanjing Inst. of Geography and Limnology	5
南京地质古生物研究所 Nanjing Inst. of Geology and Palaeontology	7
南京土壤研究所 Nanjing Inst. of Soil Science	10
安徽省 Anhui Province	132
合肥物质科学研究院 Hefei Institutes of Physical Sciences	32
中国科学技术大学 University of Science and Technology of China	100
湖北省、湖南省 Hubei and Hunan provinces	49
武汉物理与数学研究所 Wuhan Inst. of Physics and Mathematics	18
武汉岩土力学研究所 Wuhan Inst. of Rock and Soil Mechanics	4
武汉植物园 Wuhan Botanical Garden	5
水生生物研究所 Inst. of Hydrobiology	12
武汉病毒研究所 Wuhan Inst. of Virology	6
测量与地球物理研究所 Inst.of Geodesy and Geophysics	1

续表 7-10

单　位 Unit	招聘人数 Introduced talents
亚热带农业生态研究所 Inst. of Subtropical Agriculture	3
广东省 　　Guangdong Province	45
广州地球化学研究所 Guangzhou Inst. of Geochemistry	11
南海海洋研究所 South China Sea Inst. of Oceanology	15
华南植物园 South China Botanical Garden	5
广州能源研究所 Guangzhou Inst. of Energy Conversion	12
中科院广州化学有限公司 CAS Guangzhou Chemistry Co., Ltd.	2
四川省 　　Sichuan Province	28
成都山地灾害与环境研究所 Chengdu Inst. of Mountain Hazards and Environment	5
成都生物研究所 Chengdu Inst. of Biology	8
光电技术研究所 Inst. of Optics and Electronics	8
成都文献情报中心 Chengdu Documentation and Information Center	1
中科院成都信息技术有限公司 CAS Chengdu Information Technology Co., Ltd.	1
中国科学院成都有机化学有限公司 CAS Chengdu Organic Chemistry Co., Ltd.	5
云南省、贵州省 　　Yunnan and Guizhou provinces	42
昆明植物研究所 Kunming Inst. of Botany	7
西双版纳热带植物园 Xishuangbanna Tropical Botanical Garden	5
昆明动物研究所 Kunming Inst. of Zoology	12
地球化学研究所 Inst. of Geochemistry	18

续表 7-10

单　位 Unit	招聘人数 Introduced talents
陕西省 Shaanxi Province	20
西安光学精密机械研究所 Xi'an Inst. of Optics and Precision Mechanics	9
地球环境研究所 Inst. of Earth Environment	3
水土保持与生态环境研究中心 Inst. of Soil & Water Conservation	7
国家授时中心 National Time Service Center	1
甘肃省、青海省 Gansu and Qinghai provinces	64
近代物理研究所 Inst. of Modern Physics	18
兰州化学物理研究所 Lanzhou Inst. of Chemical Physics	14
寒区旱区环境与工程研究所 Cold and Arid Regions Environmental and Engineering Research Inst.	23
兰州地质研究所 Lanzhou Inst. of Geology	2
青海盐湖研究所 Qinghai Inst. of Saline Lakes	4
西北高原生物研究所 Northwest Inst. of Plateau Biology	3
新疆维吾尔自治区 Xinjiang Uygur Autonomous Region	4
新疆理化技术研究所 Xinjiang Technical Inst. of Physics and Chemistry	2
新疆生态与地理研究所 Xinjiang Inst. of Ecology and Geography	2

八、专利、科技论文、获奖成果

PATENTS, S&T PAPERS AND AWARD-WINNING ACHIEVEMENTS

8-1 专利申请受理量及授权量

Number of Patents Applied and Granted

单位: 件 (item)

年份 Year	申请量 Applied				授权量 Granted			
	合计 Total	发明 Invention	实用新型 Utility model	外观设计 Exterior design	合计 Total	发明 Invention	实用新型 Utility model	外观设计 Exterior design
1985~1990	1607	988	619		790	371	419	
1991	298	190	107	1	168	89	79	
1992	367	228	139		212	105	107	
1993	414	262	150	2	255	104	150	1
1994	453	269	182	2	197	81	112	4
1995	499	301	195	3	224	86	137	1
1996	791	467	318	6	192	86	105	1
1997	945	589	333	23	257	93	160	4
1998	1059	694	346	19	264	76	176	12
1999	1127	775	340	12	472	108	360	4
2000	1701	1218	468	15	802	442	352	8
2001	2010	1526	477	7	920	455	453	12
2002	2523	2002	502	19	1001	583	413	5
2003	3210	2617	578	15	1522	1055	450	17
2004	3546	2944	567	35	2034	1484	521	29
2005	3899	3328	492	79	1948	1498	429	21

注: 1. 表中申请量和授权量均为国内申请量和国内授权量。

Note: The number of patents applied and granted in the table are the number of patents domestically applied and granted.

2. 2005 年国外专利申请 61 件，国外专利申请授权 11 件。

In 2005, 61 patents were applied overseas, 11 patents were granted.

8-2 专利申请受理量及授权量(2005 年，按申请量排序)

Number of Patents Applied and Granted: 2005 (By the order of number of patents applied)

单位: 件 (item)

机构名称 Institution	申请量 Applied				授权量 Granted			
	合计 Total	发明 Invention	实用新型 Utility model	外观设计 Exterior design	合计 Total	发明 Invention	实用新型 Utility model	外观设计 Exterior design
总计 Total	**3899**	**3328**	**492**	**79**	**1948**	**1498**	**429**	**21**
上海光学精密机械研究所 Shanghai Inst. of Optics and Fine Mechanics	222	152	70		147	96	51	
大连化学物理研究所 Dalian Inst. of Chemical Physics	196	189	7		114	100	14	
半导体研究所 Inst. of Semiconductors	183	171	4	8	34	28	3	3
长春光学精密机械与物理研究所 Changchun Inst. of Optics, Fine Mechanics and Physics	159	120	39		99	50	48	1
金属研究所 Inst. of Metals Research	149	129	20		102	92	10	
长春应用化学研究所 Changchun Inst. of Applied Chemistry	138	134	4		57	56		1
化学研究所 Inst. of Chemistry	130	129	1		62	62		
物理研究所 Inst. of Physics	121	108	13		45	32	13	
计算技术研究所 Inst. of Computing Technology	120	118	2		38	38		
中国科学技术大学 University of Science and Technology of China	112	90	22		45	33	12	
自动化研究所 Inst. of Automation	105	83	22		24	11	13	
过程工程研究所 Inst. of Processing Engineering	104	100	4		66	59	7	

续表 8-2

机构名称 Institution	申请量 Applied				授权量 Granted			
	合计 Total	发明 Invention	实用新型 Utility model	外观设计 Exterior design	合计 Total	发明 Invention	实用新型 Utility model	外观设计 Exterior design
海洋研究所 Inst. of Oceanology	100	43	7	50	22	14	8	
上海微系统与信息技术研究所 Shanghai Inst. of Microsystem and Information Technology	93	91	2		35	35		
合肥物质科学研究院 Hefei Institutes of Physical Sciences	88	69	15	4	54	22	32	
上海硅酸盐研究所 Shanghai Inst. of Ceramics	86	81	5		37	35	2	
电工研究所 Inst. of Electric Engineering	80	78	2		15	7	8	
生态环境研究中心 Research Center for Eco-Environmental Sciences	77	72	5		35	33	2	
上海药物研究所 Shanghai Inst. of Materia Medica	76	75	1		15	15		
力学研究所 Inst. of Mechanics	76	53	23		56	32	24	
理化技术研究所 Technical Inst. of Physics and Chemistry	75	56	19		69	59	10	
上海生命科学研究院 Shanghai Institutes for Biological Sciences	69	69			24	24		
兰州化学物理研究所 Lanzhou Inst. of Chemical Physics	66	66			35	35		
上海技术物理研究所 Shanghai Inst. of Technical Physics	65	60	5		45	32	13	
上海有机化学研究所 Shanghai Inst. of Organic Chemistry	59	59			33	33		
福建物质结构研究所 Fujian Inst. of Research on the Structure of Matter	59	57	2		11	9	2	
声学研究所 Inst. of Acoustics	58	47	11		27	22	5	

续表 8-2

机构名称 Institution	申请量 Applied				授权量 Granted			
	合计 Total	发明 Invention	实用新型 Utility model	外观设计 Exterior design	合计 Total	发明 Invention	实用新型 Utility model	外观设计 Exterior design
山西煤炭化学研究所 Shanxi Inst. of Coal Chemistry	59	58	1		61	59	2	
光电技术研究所 Inst. of Optics and Electronics	57	57			21	19	2	
沈阳自动化研究所 Shenyang Inst. of Automation	55	31	24		29	10	18	1
微电子研究所 Inst. of Microelectronics	53	45	2	6	15	6	3	6
电子学研究所 Inst. of Electronics	50	48	2		23	19	4	
沈阳应用生态研究所 Shenyang Inst. of Applied Ecology	49	44	5		19	16	3	
西安光学精密机械研究所 Xi'an Inst. of Optics and Precision Mechanics	41	30	11		22	9	13	
遗传与发育生物学研究所 Inst. of Genetics and Developmental Biology	40	33	7		20	14	6	
中科院广州化学有限公司 CAS Guangzhou Chemistry Co., Ltd.	37	36	1		26	24	2	
工程热物理研究所 Inst. of Engineering Thermophysics	34	25	9		12	4	8	
中国科学院成都有机化学有限公司 CAS Chengdu Organic Chemistry Co., Ltd.	32	31	1		20	20		
空间科学与应用研究中心 Center for Space Science and Applied Research	27	15	11	1	13	5	8	
新疆理化技术研究所 Xinjiang Technical Inst. of Physics and Chemistry	26	24	2		18	15	3	
广州能源研究所 Guangzhou Inst. of Energy Conversion	26	18	8		19	12	7	
寒区旱区环境工程研究所 Cold and Arid Regions Environmental and Engineering Research Inst.	24	14	10		11	3	8	

续表 8-2

机构名称 Institution	申请量 Applied				授权量 Granted			
	合计 Total	发 明 Invention	实用新型 Utility model	外观设计 Exterior design	合计 Total	发 明 Invention	实用新型 Utility model	外观设计 Exterior design
植物研究所 Inst. of Botany	23	22	1		10	10		
东北地理与农业生态研究所 Northeast Inst. of Geography and Agricultural Ecology	23	22	1		10	6	4	
上海应用物理研究所 Shanghai Inst. of Applied Physics	22	15	7		5	2	3	
水生生物研究所 Inst. of Hydrobiology	21	12	9		17	17		
成都生物研究所 Chengdu Inst. of Biology	18	17	1		9	9		
亚热带农业生态研究所 Inst. of Subtropical Agriculture	18	17	1		6	2	2	2
武汉植物园 Wuhan Botanical Garden	17	14	3		6	6		
新疆生态与地理研究所 Xinjiang Inst. of Ecology and Geography	16	11	5		6		6	
昆明植物研究所 Kunming Inst. of Botany	15	15			11	11		
南海海洋研究所 South China Sea Inst. of Oceanology	13	13			19	16	3	
中国科学院研究生院 Graduate School of the Chinese Academy of Sciences	13	13			4	4		
高能物理研究所 Inst. of High Energy Physics	13	13			3	2	1	
软件研究所 Inst. of Software	13	12	1		2	2		
生物物理研究所 Inst. of Biophysics	13	10	3		3	2	1	
武汉病毒研究所 Wuhan Inst. of Virology	13	7		6	14	9		5
国家授时中心 National Time Service Center	13		13					

续表 8-2

机构名称 Institution	申请量 Applied				授权量 Granted			
	合计 Total	发 明 Invention	实用新型 Utility model	外观设计 Exterior design	合计 Total	发 明 Invention	实用新型 Utility model	外观设计 Exterior design
近代物理研究所 Inst. of Modern Physics	12	5	7		6	3	3	
地理科学与资源研究所 Inst. of Geographic Sciences and Natural Resources Research	11	9	2		8	8		
武汉岩土力学研究所 Wuhan Inst. of Rock and Soil Mechanics	11	4	7		11	5	6	
微生物研究所 Inst. of Microbiology	10	10			14	14		
青海盐湖研究所 Qinghai Inst. of Saline Lakes	10	10			2	2		
水土保持与生态环境研究中心 Inst. of Soil & Water Conservation	10	9		1	15	7	8	
武汉物理与数学研究所 Wuhan Inst. of Physics and Mathematics	10	5	5		15	9	6	
地质与地球物理研究所 Inst. of Geology and Geophysics	8	6	2		5	5		
紫金山天文台 Purple Mountain Observatory	8	6	2		3	2	1	
中国科学院沈阳计算技术研究所有限公司 CAS Shenyang Computing Technology Co., Ltd.	6	3	1	2	2			2
西双版纳热带植物园 Xishuangbanna Tropical Botanical Garden	5	5			3	3		
国家天文台 National Astronomical Observatories of China	5	4	1		3	1	2	
计算机网络信息中心 Computer Network Information Center	5	4	1		1	1		
青藏高原研究所 Inst. of Qinghai-Tibet Plateau	5	2	3		2		2	
大气物理研究所 Inst. of Atmospheric Physics	5	1	4					

续表 8-2

机构名称 Institution	申请量 Applied				授权量 Granted			
	合计 Total	发明 Invention	实用新型 Utility model	外观设计 Exterior design	合计 Total	发明 Invention	实用新型 Utility model	外观设计 Exterior design
光电研究院 Institutes of Optoelectronics	5	1	4					
广州地球化学研究所 Guangzhou Inst. of Geochemistry	4	4			15	11	4	
动物研究所 Inst. of Zoology	4	4			10	8	2	
昆明动物研究所 Kunming Inst. of Zoology	4	4			4	4		
心理研究所 Inst. of Psychology	4	1	3		5	2	3	
中科院成都信息技术有限公司 CAS Chengdu Information Technology Co., Ltd.	4		3	1				
华南植物园 South China Botanical Garden	3	3			9	9		
南京地理与湖泊研究所 Nanjing Inst. of Geography and Limnology	3	1	2		3		3	
西北高原生物研究所 Northwest Inst. of Plateau Biology	2	2			3	3		
数学与系统科学研究院 Academy of Mathematics & Systems Science	2	2						
中国科学院沈阳科学仪器研制中心有限公司 CAS Shenyang Scientific Instrument Development Co., Ltd.	2	1	1					
中国遥感卫星地面站 China Remote Sensing Satellite Ground Station	1	1						
测量与地球物理研究所 Inst. of Geodesy and Geophysics					4	3	1	
中科院广州电子有限公司 CAS Guangzhou Electronics Co., Ltd.					3		3	
地球化学研究所 Inst. of Geochemistry					1	1		
遥感应用研究所 Inst. of Remote Sensing Application					1		1	

8-3 科技论文的发表及被引用情况

S&T Publications and Citations

年 份 Year	被国际上收录 (篇) Catalogued by major international indexes (article)	SCIE 论文 Catalogued by SCIE (article)	SCI 论文被引用 Cited internationally		国内刊物发表 (篇) Publications in domestic journals (article)
			篇 (article)	次 (time)	
1988	2212	1713			5458
1989	1740	1270			6099
1990	2097	1611	1568		6430
1991	2304	1690	1217	2440	6671
1992	2642	1724	1943	3898	7170
1993	3539	1877	2284	4393	6754
1994	4064	1993	2318	4286	7038
1995	4614	2276	2615	5033	7424
1996	4219	2224	2943	5727	7813
1997	5500	2926	3436	6724	8175
1998	5478	3277	3815	7534	8593
1999	8249	5376	4250	8582	9526
2000	9186	6063	5219	11046	10299
2001	10165	6725	6135	13658	11022
2002	11740	7611	7756	17624	11181
2003	14516	8632	9772	24746	12169
2004	15738	9500	9860	24746	12790

资料来源：中国科技信息研究所信息分析研究中心(表 8-3，8-4)。

Source: Center for Information Analysis, Institute of S&T Information of China (Table 8-3 and 8-4).

注： 1. 被国际收录的论文数据采集自美国的三种在国际上颇有影响的检索工具，即《科学引文索引》、《工程索引》和《科学技术会议索引》，国内论文数据直接取自选作统计源的国内科技期刊(2004 年为 1608 种)。

Note: Data in “Papers catalogued by major international indexes” are from SCI, EI and ISTP and data in “Publications in domestic journals” are selected directly from domestic S&T journals (1608 journals in 2004) which are taken as the source.

2. SCI 论文被引用情况是指 SCI 引文数据库前 5 年收录的论文情况在第六年被引用的统计，例如，2004 年 SCI 被引用是指 1999~2003 年被收录的论文在 2004 年被引用的情况，2003 年 SCI 论文被引用情况是指 1998~2002 年被收录的论文在 2003 年被引用的情况。其他年份依次类推。

Citation in the sixth year of papers quoted during the previous five years. For instance, citation in 2004 of papers quoted in 1999~2003, citation in 2003 of papers quoted in 1998~2002. The rest of the years is on this analogy.

3. 自 1999 年此表《SCI》论文检索数据源由光盘版改为扩展版《SCIE》。

Since 1999, SCI data in the table came from the compact instead of the SCIE.

8-4 科技论文的发表及被引用情况(2004 年)
S&T Publications and Citations: 2004

	被国际上收录(篇) Catalogued by major international indexes (article)		SCI 论文被引用 Cited internationally		国内刊物发表(篇) Publications in domestic journals (article)
		SCIE 论文 Catalogued by SCIE (article)	篇 (article)	次 (time)	
总 计 Total	**15738**	**9500**	**9860**	**24746**	**12790**
一、按学科分 By field					
数学 Mathematics	339	227	196	432	195
信息科学与系统科学 Information science & systems science	95	52	1	2	394
力学 Mechanics	294	78	48	95	105
物理学 Physics	3041	2244	1882	4670	1068
化学 Chemistry	3707	2591	3694	9793	1159
天文学 Astronomy	328	226	318	836	172
地球科学 Earth sciences	1135	710	518	1115	1344
生物学 Biological sciences	1328	1096	1066	2790	1543
农学 Agronomy	131	93	98	189	885
基础医学 Basic medical science	113	97	39	90	83
药学 Pharmacy	95	91	55	146	65
材料科学 Material science	1121	760	1261	3152	153
能源科学技术 Energy science & technology	177	52	3	3	207
冶金、金属 Metallurgy & metal	391	191	31	80	274

续表 8-4

	被国际上收录 (篇) Catalogued by major international indexes (article)	SCIE 论文 Catalogued by SCIE (article)	SCI 论文被引用 Cited internationally		国内刊物发表 (篇) Publications in domestic journals (article)
			篇 (article)	次 (time)	
动力与电气工程 Dynamics & electrical engineering	270	19			154
电子、通讯与自动控制技术 Electronics, communication & automation control technology	914	113	240	446	1291
计算机科学技术 Computer science & technology	652	198			833
化学工程 Chemical engineering	623	203	41	97	368
环境科学技术 Environment science & technology	306	214	179	386	707
其他 Others	678	245	190	424	1790
二、按单位分 By unit					
(一) 事业单位 Institution	15556	9397	9782	24525	12494
北京市 Beijing	6175	3651	3717	9124	4705
数学与系统科学研究院 Academy of Mathematics & Systems Science	268	169	150	383	111
物理研究所 Inst. of Physics	804	494	749	1823	178
声学研究所 Inst. of Acoustics	60	15	11	20	94
理论物理研究所 Inst. of Theoretical Physics	75	62	118	301	21
理化技术研究所 Technical Inst. of Physics and Chemistry	208	137	111	239	110
高能物理研究所 Inst. of High Energy Physics	256	214	138	374	187
国家天文台 National Astronomical Observatories of China	218	134	205	520	108

续表 8-4

	被国际上收录(篇) Catalogued by major international indexes (article)	SCIE 论文 Catalogued by SCIE (article)	SCI 论文被引用 Cited internationally 篇 (article)	次 (time)	国内刊物发表(篇) Publications in domestic journals (article)
力学研究所 Inst. of Mechanics	216	102	81	192	136
化学研究所 Inst. of Chemistry	783	516	794	2206	119
生态环境研究中心 Research Center for Eco-Environmental Sciences	344	215	199	450	299
过程工程研究所 Inst. of Process Engineering	165	100	85	162	119
地理科学与资源研究所 Inst. of Geographic Sciences and Natural Resources Research	123	62	52	90	527
青藏高原研究所 Inst. of Qinghai-Tibet Plateau	5	4			5
地质与地球物理研究所 Inst. of Geology and Geophysics	258	180	139	335	249
古脊椎动物与古人类研究所 Inst. of Vertebrate Paleontology and Paleoanthropology	32	25	27	92	46
大气物理研究所 Inst. of Atmospheric Physics	139	108	54	81	163
遥感应用研究所 Inst. of Remote Sensing Application	109	14	8	17	133
植物研究所 Inst. of Botany	181	161	109	207	261
动物研究所 Inst. of Zoology	186	164	120	223	202
心理研究所 Inst. of Psychology	10	9	5	6	94
微生物研究所 Inst. of Microbiology	67	60	67	180	62
生物物理研究所 Inst. of Biophysics	118	94	171	345	26
遗传与发育生物学研究所 Inst. of Genetics and Developmental Biology	87	86	66	358	99

续表 8-4

	被国际上收录(篇) Catalogued by major international indexes (article)	SCIE 论文 Catalogued by SCIE (article)	SCI 论文被引用 Cited internationally 篇 (article)	次 (time)	国内刊物发表(篇) Publications in domestic journals (article)
北京基因组研究所 Beijing Genomics Inst.	2	2	2	3	1
计算技术研究所 Inst. of Computing Technology	266	81			193
计算机网络信息中心 Computer Network Information Center	13	6			24
软件研究所 Inst. of Software	138	36	2	2	189
半导体研究所 Inst. of Semiconductors	272	129	193	409	141
微电子研究所 Inst. of Microelectronics	48	6	1	1	52
电子学研究所 Inst. of Electronics	52	15	1	2	105
光电研究院 Institutes of Optoelectronics					
电工研究所 Inst. of Electric Engineering	80	21	8	9	93
工程热物理研究所 Inst. of Engineering Thermophysics	75	25	2	5	71
空间科学与应用研究中心 Center for Space Science and Applied Research	40	26	15	18	71
自动化研究所 Inst. of Automation	273	64	6	11	134
中国遥感卫星地面站 China Remote Sensing Satellite Ground Station	6	2			3
自然科学史研究所 Inst. of History of Natural Sciences	2				3
科技政策与管理科学研究所 Inst. of Policy and Management	15	5			25
中国科学院研究生院 Graduate School of the Chinese Academy of Sciences	179	107	28	60	241

续表 8-4

	被国际上收录（篇）Catalogued by major international indexes (article)		SCI 论文被引用 Cited internationally		国内刊物发表（篇）Publications in domestic journals (article)
		SCIE 论文 Catalogued by SCIE (article)	篇 (article)	次 (time)	
中国科学院文献情报中心 Library of Chinese Academy of Sciences	2	1			6
中国科学院本部 CAS Head Office					4
山西省 Shanxi Province	258	147	86	171	113
山西煤炭化学研究所 Shanxi Inst. of Coal Chemistry	258	147	86	171	113
辽宁省、山东省 Liaoning and Shandong provinces	1349	750	730	1853	1067
大连化学物理研究所 Dalian Inst. of Chemical Physics	554	361	392	1061	226
沈阳应用生态研究所 Shenyang Inst. of Applied Ecology	61	29	12	15	249
沈阳自动化研究所 Shenyang Inst. of Automation	54	6			125
金属研究所 Inst. of Metals Research	587	288	301	734	258
海洋研究所 Inst. of Oceanology	93	66	25	43	209
吉林省 Jilin Province	760	434	574	1434	585
长春应用化学研究所 Changchun Inst. of Applied Chemistry	568	362	490	1224	107
东北地理与农业生态研究所 Northeast Inst. of Geography and Agricultural Ecology	15	11	9	11	192
长春光学精密机械与物理研究所 Changchun Inst. of Optics，Fine Mechanics and Physics	177	61	75	199	286
上海市、福建省 Shanghai, Fujian Province	2585	1692	2059	5711	1002
上海应用物理研究所 Shanghai Inst. of Applied Physics	85	71	61	117	85

续表 8-4

	被国际上收录(篇) Catalogued by major international indexes (article)	SCIE 论文 Catalogued by SCIE (article)	SCI 论文被引用 Cited internationally 篇 (article)	次 (time)	国内刊物发表(篇) Publications in domestic journals (article)
上海天文台 Shanghai Observatory	66	53	61	186	66
上海硅酸盐研究所 Shanghai Inst. of Ceramics	569	325	324	814	112
上海有机化学研究所 Shanghai Inst. of Organic Chemistry	322	253	569	1742	33
上海生命科学研究院 Shanghai Institutes for Biological Sciences	417	349	505	1483	198
上海微系统与信息技术研究所 Shanghai Inst. of Microsystem and Information Technology	171	93	122	227	116
上海光学精密机械研究所 Shanghai Inst. of Optics and Fine Mechanics	491	222	154	317	262
上海技术物理研究所 Shanghai Inst. of Technical Physics	117	59	60	124	70
福建物质结构研究所 Fujian Inst. of Research on the Structure of Matter	347	267	203	701	60
江苏省 Jiangsu Province	246	191	160	332	442
紫金山天文台 Purple Mountain Observatory	68	50	53	126	27
南京地理与湖泊研究所 Nanjing Inst. of Geography and Limnology	24	15	21	34	138
南京地质古生物研究所 Nanjing Inst. of Geology and Palaeontology	78	63	44	95	75
南京土壤研究所 Nanjing Inst. of Soil Science	76	63	42	77	202
安徽省 Anhui Province	2437	1409	1556	3852	1694
合肥物质科学研究院 Hefei Institutes of Physical Sciences	428	248	259	844	266
中国科学技术大学 University of Science and Technology of China	2009	1161	1297	3008	1428

续表 8-4

	被国际上收录（篇）Catalogued by major international indexes (article)	SCIE 论文 Catalogued by SCIE (article)	SCI 论文被引用 Cited internationally 篇 (article)	次 (time)	国内刊物发表（篇）Publications in domestic journals (article)
湖北省、湖南省 Hubei and Hunan provinces	347	202	169	339	477
武汉物理与数学研究所 Wuhan Inst. of Physics and Mathematics	98	75	72	150	48
武汉岩土力学研究所 Wuhan Inst. of Rock and Soil Mechanics	130	27	5	10	110
测量与地球物理研究所 Inst. of Geodesy and Geophysics	19	13	6	7	55
武汉植物园 Wuhan Botanical Garden	7	7	2	3	50
水生生物研究所 Inst. of Hydrobiology	75	67	70	128	119
武汉病毒研究所 Wuhan Inst. of Virology	16	11	14	41	36
亚热带农业生态研究所 Inst. of Subtropical Agriculture	2	2			59
广东省 Guangdong Province	293	187	161	344	537
广州地球化学研究所 Guangzhou Inst. of Geochemistry	139	86	108	258	299
南海海洋研究所 South China Sea Inst. of Oceanology	53	41	22	29	88
华南植物园 South China Botanical Garden	45	38	21	41	120
广州能源研究所 Guangzhou Inst. of Energy Conversion	56	22	10	16	30
四川省 Sichuan Province	108	55	13	20	298
成都山地灾害与环境研究所 Chengdu Inst. of Mountain Hazards and Environment	36	22	3	4	105
成都生物研究所 Chengdu Inst. of Biology	35	26	8	13	118
光电技术研究所 Inst. of Optics and Electronics	37	7	2	3	74

续表 8-4

	被国际上收录（篇）Catalogued by major international indexes (article)	SCIE 论文 Catalogued by SCIE (article)	SCI 论文被引用 Cited internationally 篇 (article)	次 (time)	国内刊物发表（篇）Publications in domestic journals (article)
成都分院 Chengdu Branch					1
贵州省、云南省 Guizhou and Yunnan provinces	258	198	198	508	337
地球化学研究所 Inst. of Geochemistry	101	59	40	66	155
昆明植物研究所 Kunming Inst. of Botany	99	84	86	222	77
西双版纳热带植物园 Xishuangbanna Tropical Botanical Garden	14	13	10	21	76
昆明动物研究所 Kunming Inst. of Zoology	44	42	61	198	29
昆明分院 Kunming Branch			1	1	
陕西省 Shaanxi Province	68	39	30	122	173
国家授时中心 National Time Service Center	2	1	1	1	11
西安光学精密机械研究所 Xi'an Inst. of Optics and Precision Mechanics	40	20	6	13	129
地球环境研究所 Inst. of Earth Environment	26	18	21	104	33
西安分院 Xi'an Branch			2	4	
甘肃省、青海省 Gansu and Qinghai provinces	651	432	326	710	897
近代物理研究所 Inst. of Modern Physics	99	76	43	71	140
兰州化学物理研究所 Lanzhou Inst. of Chemical Physics	340	217	178	440	228

续表 8-4

	被国际上收录(篇) Catalogued by major international indexes (article)	SCIE 论文 Catalogued by SCIE (article)	SCI 论文被引用 Cited internationally 篇 (article)	次 (time)	国内刊物发表(篇) Publications in domestic journals (article)
寒区旱区环境与工程研究所 Cold and Arid Regions Environmental and Engineering Research Inst.	169	111	87	163	319
兰州地质研究所 Lanzhou Inst. of Geology	13	2	1	2	52
资源环境科学信息中心 Scientific Information Center for Resources and Environment					15
青海盐湖研究所 Qinghai Inst. of Saline Lakes	19	15	11	21	47
西北高原生物研究所 Northwest Inst. of Plateau Biology	11	11	6	13	96
新疆维吾尔自治区 Xinjiang Uygur Autonomous Region	21	10	3	5	167
新疆理化技术研究所 Xinjiang Technical Inst. of Physics and Chemistry	8	4	1	3	28
新疆生态与地理研究所 Xinjiang Inst. of Ecology and Geography	13	6	2	2	139
(二)院属单位投资企业 CAS Institution Invested Enterprises	163	97	65	184	106
中国科学院北京科学仪器研制中心 CAS Beijing Scientific Instrument Development Co.,Ltd.					2
沈阳计算技术研究所有限公司 CAS Shenyang Computing Technology Co., Ltd.	1				2
中国科学院沈阳科学仪器研制中心有限公司 CAS shenyang Scientific Instrument Development Co., Ltd.					2

续表 8-4

	被国际上收录(篇) Catalogued by major international indexes (article)	SCIE 论文 Catalogued by SCIE (article)	SCI 论文被引用 Cited internationally 篇 (article)	次 (time)	国内刊物发表(篇) Publications in domestic journals (article)
中国科学院广州化学有限公司 CAS Guangzhou Chemistry Co., Ltd.	56	33			1
中国科学院广州电子有限公司 CAS Guangzhou Electronics Co., Ltd.					1
中国科学院成都有机化学有限公司 CAS Chengdu Organic Chemistry Co., Ltd.	95	60	65	184	69
中科院成都信息技术有限责任公司 CAS Chengdu Information Technology Co., Ltd.	10	4			24
中国科学院华建集团 CAS Huajian Group	1				2
中国科学院北京大恒医疗设备有限公司 CAS Beijing Daheng Medical Equipment Co., Ltd.					1
中国科学院科海高技术集团公司 CAS Kehai High-Tech Group Corp.					1
中国科学院北京全三维动力工程有限公司 CAS Beijing Full Three Dimension Power Engineering Co., Ltd.					1

注：1.《科学引文索引(SCIE)》中有 6 篇，《工程索引(EI)》中有 4 篇，《科学技术会议索引(ISTP)》中有 9 篇，SCI 论文被引用中有 13 篇，国内刊物发表中有 190 篇，对作者单位只检索到"中国科学院"，故此表各所未含该部分论文数。

Note: 6 papers were included in SCIE, 4 papers were in EI, 9 papers were in ISTP, 13 papers were quoted in theses,190 papers were published in journals both at home and abroad.Authers' institutions are searched as CAS. So, this form didn't include these numbers of paper.

2. 论文的学科分类是以论文所属学科，按国家标准《学科分类与代码》(GB/T13745-1992)进行的分类统计。

Papers are classified by discipline.The statistics are based on the discipline classification of the state standards (GB/T13745-1992).

8-5　科技论文在国内重要期刊上发表及被引用情况

S&T Papers Published and Cited by Major Domestic Journals

年 份 Year	国内期刊发表数（篇） Papers published in domestic journals (article)	其中： NSFC 基金论文数(篇) NSFC papers(article)	在国内被引用 Cited domestically 篇 (article)	次 (time)
1990	4738	1215		
1991	4780	1342		
1992	5025	1570		
1993	4826	1611		
1994	4931	1783	2164	2968
1995	5092	1848	2309	3141
1996	6592	2331	2989	3911
1997	7261	2680	3455	4701
1998	7291	4016	3998	5316
1999	8301	3353	5466	8028
2000	9356	3585	6752	10188
2001	9688	4350	7034	11047
2002	9773	4570	8546	13716
2003	10588	4770	9414	15678
2004	11112	5047	11378	19928

资料来源：中国科学引文数据库(核心库)。

Source: Chinese Science Citation Database (Core Database).

注：中国科学引文数据库的数据来源于国内较重要的 669 种(1989~1995 年为 315 种)中英文期刊。NSFC 基金论文数是指受国家自然科学基金资助的论文数。在国内被引用情况是指中国科学引文数据库前 5 年收录的论文在第六年被引用的统计，例如，2004 年国内被引情况是指 1999~2003 年被收录的论文在 2004 年被引用的情况，2003 年国内被引情况是指 1998~2002 年被收录的论文在 2003 年被引用的情况。其他年份依次类推。

Note: Data in Chinese Science Citation Database are from 669 major domestic S&T journals in Chinese and English (315 major domestic S&T journals in 1989~1995). Data of NSFC papers refer to the number of papers which are published on the basis of research projects supported by the National Natural Science Foundation of China. Domestic citation refers to the citation of papers quoted by Chinese Science Citation Database over the previous five years. For instance, the citation in 2004 of papers quoted in 1999~2003,the citation in 2003 of papers quoted in 1998~2002. The papers citation for the rest of the years is on this analogy .

8-6 科技论文在国内重要期刊上被引次数最多的前 30 名机构(2004 年)

Top 30 Institutions in Citation of S&T Papers by Major Domestic Journals: 2004

机构名称 Institution	在国内被引用 Cited domestically	
	篇 (article)	次 (time)
寒区旱区环境与工程研究所 Cold and Arid Regions Environmental and Engineering Research Inst.	596	1543
地理科学与资源研究所 Inst. of Geographic Sciences and Natural Resources Research	621	1337
中国科学技术大学 University of Science and Technology of China	900	1335
植物研究所 Inst. of Botany	439	952
地质与地球物理研究所 Inst. of Geology and Geophysic	436	884
生态环境研究中心 Research Center of Eco-Environmental Sciences	341	808
沈阳应用生态研究所 Shenyang Inst. of Applied Ecology	317	658
大气物理研究所 Inst. of Atmospheric Physics	283	599
南京土壤研究所 Nanjing Inst. of Soil Science	324	582
广州地球化学研究所 Guangzhou Inst. of Geochemistry	267	484
新疆生态与地理研究所 Xinjiang Inst. of Ecology and Geography	191	413
水土保持与生态环境研究中心 Inst. of Soil & Water Conservation	203	410
动物研究所 Inst. of Zoology	267	390
大连化学物理研究所 Dalian Inst. of Chemical Physics	253	390
海洋研究所 Inst. of Oceanology	224	371
地球化学研究所 Inst. of Geochemistry	212	349

续表 8-6

机构名称 Institution	在国内被引用 Cited domestically	
	篇 (article)	次 (time)
华南植物研究所 South China Inst. of Botany	179	325
金属研究所 Inst. of Metals Research	187	291
东北地理与农业生态研究所 Northeast Inst. of Geography and Agriculture Ecology	155	283
上海硅酸盐研究所 Shanghai Inst. of Ceramics	176	274
兰州化学物理研究所 Lanzhou Inst. of Chemical Physics	177	268
南京地理与湖泊研究所 Nanjing Inst. of Geography and Limnology	118	258
水生生物研究所 Inst. of Hydrobiology	161	255
武汉岩土力学研究所 Wuhan Inst. of Rock and Soil Mechanics	141	251
遥感应用研究所 Inst. of Remote Sensing Application	125	244
山西煤炭化学研究所 Shanxi Inst. of Coal Chemistry	166	239
遗传与发育生物学研究所 Inst. of Genetics and Developmental Biology	152	236
上海生命科学研究院 Shanghai Institutes for Biological Sciences	182	233
长春应用化学研究所 Changchun Inst. of Applied Chemistry	141	226
西双版纳热带植物园 Xishuangbanna Tropical Botanical Garden	123	220

资料来源：中国科学引文数据库(核心库)。

Source: Chinese Science Citation Database(Core Database).

注：国内被引情况是指 1999~2003 年被中国科学引文数据库收录的论文在 2004 年被引用的情况。

Note: Domestic citation refers to citation in 2004 of papers quoted by Chinese Science Citation Database in 1999~2003.

8-7 获国家自然科学奖情况

S&T Achievements Granted with National Natural Science Awards

年份 Year	项目 Item	获奖总项数 Total	一等奖 1st class	二等奖 2nd class	三等奖 3rd class	四等奖 4th class
1956 (第一届)	全国授奖项数 National total	34	3	5	26	
	中国科学院获奖数 Awards won by CAS	23	3	2	18	
1982 (第二届)	全国授奖项数 National total	125	9	40	49	27
	中国科学院获奖数 Awards won by CAS	47	2	23	17	5
1987 (第三届)	全国授奖项数 National total	178	11	39	87	41
	中国科学院获奖数 Awards won by CAS	72	7	17	33	15
1989 (第四届)	全国授奖项数 National total	59	2	19	23	15
	中国科学院获奖数 Awards won by CAS	32	2	11	14	5
1991 (第五届)	全国授奖项数 National total	53		10	31	12
	中国科学院获奖数 Awards won by CAS	16		5	11	
1993 (第六届)	全国授奖项数 National total	52	1	18	21	12
	中国科学院获奖数 Awards won by CAS	20	1	11	6	2
1995 (第七届)	全国授奖项数 National total	57		15	27	15
	中国科学院获奖数 Awards won by CAS	25		10	11	4

续表 8-7

年份 Year	项目 Item	获奖总项数 Total	一等奖 1st class	二等奖 2nd class	三等奖 3rd class	四等奖 4th class
1997 (第八届)	全国授奖项数 National total	51	1	8	30	12
	中国科学院获奖数 Awards won by CAS	20	1	5	12	2
1999 (第九届)	全国授奖项数 National total	57		10	31	16
	中国科学院获奖数 Awards won by CAS	21		7	11	3
2000 (第十届)	全国授奖项数 National total	15		15		
	中国科学院获奖数 Awards won by CAS	6		6		
2001 (第十一届)	全国授奖项数 National total	18		18		
	中国科学院获奖数 Awards won by CAS	8		8		
2002 (第十二届)	全国授奖项数 National total	24	1	23		
	中国科学院获奖数 Awards won by CAS	12	1	11		
2003 (第十三届)	全国授奖项数 National total	19	1	18		
	中国科学院获奖数 Awards won by CAS	6	1	5		
2004 (第十四届)	全国授奖项数 National total	28		28		
	中国科学院获奖数 Awards won by CAS	10		10		
2005 (第十五届)	全国授奖项数 National total	38		38		
	中国科学院获奖数 Awards won by CAS	17		17		

注：表中院获奖数是院直属单位为第一完成单位的获奖数。自 2000 年始国家自然科学奖只设一、二等奖，2003 年增设特等奖。

Note: In the table, the number of awards won by CAS inducates the number of awards won by the CAS institutions who is the first unit for the achievement.Since 2000, National Natural Science Awards only has had 1st and 2nd class Awards.Since 2003, the special class award has been established.

8-8 获国家技术发明奖情况

S&T Achievements Granted with National Technology Invention Awards

年 份 Year	项 目 Item	获奖总项数 Total	一等奖 1st class	二等奖 2nd class	三等奖 3rd class	四等奖 4th class
1979	全国授奖项数 National total	43	1	12	24	6
	中国科学院获奖数 Awards won by CAS	12	1	3	7	1
1980	全国授奖项数 National total	109		13	75	21
	中国科学院获奖数 Awards won by CAS	22		4	17	1
1981	全国授奖项数 National total	123	3	10	56	54
	中国科学院获奖数 Awards won by CAS	6			3	3
1982	全国授奖项数 National total	153	4	17	68	64
	中国科学院获奖数 Awards won by CAS	9			4	5
1983	全国授奖项数 National total	212	5	18	108	81
	中国科学院获奖数 Awards won by CAS	11		2	8	1
1984	全国授奖项数 National total	264	7	25	125	107
	中国科学院获奖数 Awards won by CAS	15	1	3	8	3
1985	全国授奖项数 National total	185	6	18	92	69
	中国科学院获奖数 Awards won by CAS	6			4	2
1986	全国授奖项数 National total	30		3	12	15
	中国科学院获奖数 Awards won by CAS					

续表 8-8

年份 Year	项目 Item	获奖总项数 Total	一等奖 1st class	二等奖 2nd class	三等奖 3rd class	四等奖 4th class
1987	全国授奖项数 National total	225	1	24	96	104
	中国科学院获奖数 Awards won by CAS	12		1	9	2
1988	全国授奖项数 National total	217	4	20	97	96
	中国科学院获奖数 Awards won by CAS	12	1	2	6	3
1989	全国授奖项数 National total	150		14	67	69
	中国科学院获奖数 Awards won by CAS	4			3	1
1990	全国授奖项数 National total	224	3	15	113	93
	中国科学院获奖数 Awards won by CAS	5			4	1
1991	全国授奖项数 National total	209	1	12	92	104
	中国科学院获奖数 Awards won by CAS	7	1	1	4	1
1992	全国授奖项数 National total	170		10	68	92
	中国科学院获奖数 Awards won by CAS	5		1	1	3
1993	全国授奖项数 National total	175		16	74	85
	中国科学院获奖数 Awards won by CAS	5		2	3	
1995	全国授奖项数 National total	131	1	12	59	59
	中国科学院获奖数 Awards won by CAS	4		1	3	
1996	全国授奖项数 National total	111	1	8	56	46
	中国科学院获奖数 Awards won by CAS	9		1	6	2

续表 8-8

年份 Year	项目 Item	获奖总项数 Total	一等奖 1st class	二等奖 2nd class	三等奖 3rd class	四等奖 4th class
1997	全国授奖项数 National total	100	1	13	46	40
	中国科学院获奖数 Awards won by CAS					
1998	全国授奖项数 National total	72		10	30	32
	中国科学院获奖数 Awards won by CAS	4		1	1	2
1999	全国授奖项数 National total	69		13	38	18
	中国科学院获奖数 Awards won by CAS	7		2	4	1
2000	全国授奖项数 National total	23		23		
	中国科学院获奖数 Awards won by CAS	2		2		
2001	全国授奖项数 National total	14		14		
	中国科学院获奖数 Awards won by CAS	1		1		
2002	全国授奖项数 National total	21		21		
	中国科学院获奖数 Awards won by CAS	1		1		
2003	全国授奖项数 National total	19		19		
	中国科学院获奖数 Awards won by CAS	1		1		
2004	全国授奖项数 National total	28	2	26		
	中国科学院获奖数 Awards won by CAS	1		1		
2005	全国授奖项数 National total	40	1	39		
	中国科学院获奖数 Awards won by CAS	8		8		

注: 1. 1994 年国家技术发明奖停评一年。

Note: The evaluation of achievements for National Technology Invention Awards was suspended in 1994 for a year.

2. 表中院获奖数是院直属单位为第一完成单位的获奖数。自 2000 年始国家技术发明奖只设一、二等奖，2003 年增设特等奖。

In the table,the number of awards won by CAS indicates the number of awards won by the CAS institutions who is the first unit for the achievement. Since 2000, National Technology Invention Awards only has had 1st and 2nd class Awards.Since 2003, the special class award has been established.

8-9 获国家科技进步奖情况

S&T Achievements Granted with National S&T Progress Awards

年份 Year	项目 Item	获奖总项数 Total	特等奖 Special class	一等奖 1st class	二等奖 2nd class	三等奖 3rd class
1985	全国授奖项数 National total	1761	23	135	535	1068
	中国科学院获奖数 Awards won by CAS	73	2	8	28	35
1987	全国授奖项数 National total	807	4	50	237	516
	中国科学院获奖数 Awards won by CAS	36		1	13	22
1988	全国授奖项数 National total	515	3	34	151	327
	中国科学院获奖数 Awards won by CAS	29		4	11	14
1989	全国授奖项数 National total	504	3	36	152	313
	中国科学院获奖数 Awards won by CAS	26		1	9	16
1990	全国授奖项数 National total	505	3	32	142	328
	中国科学院获奖数 Awards won by CAS	17	1	3	5	8
1991	全国授奖项数 National total	502	1	32	140	329
	中国科学院获奖数 Awards won by CAS	28		1	11	16
1992	全国授奖项数 National total	649	3	38	195	413
	中国科学院获奖数 Awards won by CAS	40		4	14	22
1993	全国授奖项数 National total	441	2	27	122	290
	中国科学院获奖数 Awards won by CAS	22		3	10	9
1995	全国授奖项数 National total	607	2	25	182	398
	中国科学院获奖数 Awards won by CAS	44		2	13	29

续表 8-9

年份 Year	项目 Item	获奖总项数 Total	特等奖 Special class	一等奖 1st class	二等奖 2nd class	三等奖 3rd class
1996	全国授奖项数 National total	536	4	20	169	343
	中国科学院获奖数 Awards won by CAS	31			8	23
1997	全国授奖项数 National total	475	3	19	150	303
	中国科学院获奖数 Awards won by CAS	21		1	10	10
1998	全国授奖项数 National total	471	3	22	133	313
	中国科学院获奖数 Awards won by CAS	24		2	6	16
1999	全国授奖项数 National total	476	2	17	143	314
	中国科学院获奖数 Awards won by CAS	20			6	14
2000	全国授奖项数 National total	250		22	228	
	中国科学院获奖数 Awards won by CAS	9			9	
2001	全国授奖项数 National total	191		17	174	
	中国科学院获奖数 Awards won by CAS	7		1	6	
2002	全国授奖项数 National total	218		18	200	
	中国科学院获奖数 Awards won by CAS	14			14	
2003	全国授奖项数 National total	216	1	16	199	
	中国科学院获奖数 Awards won by CAS	9			9	
2004	全国授奖项数 National total	244		16	228	
	中国科学院获奖数 Awards won by CAS	14		1	13	
2005	全国授奖项数 National total	236		18	218	
	中国科学院获奖数 Awards won by CAS	18			18	

注: 1. 国家科技进步奖 1986 年、1994 年停评。

Note: The evaluation of achievements for National S&T Progress Awards was suspended in 1986 and 1994.

2. 表中院获奖数是院直属单位为第一完成单位的获奖数。自 2000 年始国家科技进步奖只设一、二等奖，2003 年增设特等奖。

In the table,the number of awards won by CAS indicates the number of awards won by the CAS institution who is the first unit for the achievement. Since 2000, National S&T Progress Awards has had only 1st and 2nd class Awards. Since 2003,the special class award has been established.

8-10 获国家科学技术奖情况(2005年)
S&T Achievements Granted with National S&T Awards: 2005

	合 计 Total	一等奖 1st class	二等奖 2nd class
总 计 **Total**	**43**		**43**
一、国家最高科学技术奖(人) State Supreme S&T Award(person)	1		
二、国家自然科学奖(项) National Natural Science Award(item)	17		17
生态环境研究中心 Research Center for Eco-Environmental Sciences	2		2
理化技术研究所 Technical Inst. of Physics and Chemistry	1		1
遗传与发育生物学研究所 Inst. of Genetics and Developmental Biology	1		1
上海生命科学研究院 Shanghai Institutes for Biological Sciences	1		1
大连化学物理研究所 Dalian Inst. of Chemical Physics	1		1
大气物理研究所 Inst. of Atmospheric Physics	1		1
物理研究所 Inst. of Physics	1		1
化学研究所 Inst. of Chemistry	2		2
动物研究所 Inst. of Zoology	1		1
南京土壤研究所 Nanjing Inst. of Soil Science	1		1
理论物理研究所 Inst. of Theoretical Physics	1		1
上海天文台 Shanghai Observatory	1		1

续表 8-10

	合 计 Total	一等奖 1st class	二等奖 2nd class
上海技术物理研究所 Shanghai Inst. of Technical Physics	1		1
地球化学研究所 Inst. of Geochemistry	1		1
中国科学技术大学 University of Science and Technology of China	1		1
三、国家技术发明奖(项) National Technology Invention Award(item)	8		8
过程工程研究所 Inst. of Processing Engineering	1		1
自动化研究所 Inst. of Automation	1		1
大连化学物理研究所 Dalian Inst. of Chemical Physics	1		1
海洋研究所 Inst. of Oceanology	1		1
武汉病毒研究所 Wuhan Inst. of Virology	1		1
上海硅酸盐研究所 Shanghai Inst. of Ceramics	1		1
微电子研究所 Inst. of Microelectronics	1		1
山西煤炭化学研究所 Shanxi Inst. of Coal Chemistry	1		1
四、国家科技进步奖(项) National S&T Progress Award(item)	18		18
微生物研究所 Inst. of Microbiology	1		1

	合 计 Total	一等奖 1st class	二等奖 2nd class
水生生物研究所 Inst. of Hydrobiology	1		1
联想(北京)有限公司 Legend (Beijing) Co., Ltd.	1		1
动物研究所 Inst. of Zoology	1		1
武汉岩土力学研究所 Wuhan Inst. of Rock and Soil Mechanics	1		1
地理科学与资源研究所 Inst. of Geographic Sciences and Natural Resources Research	1		1
软件研究所 Inst. of Software	2		2
中国科学院 Chinese Academy of Sciences	1		1
上海微系统与信息技术研究所 Shanghai Inst. of Microsystem and Information Technology	1		1
长春光学精密机械与物理研究所 Changchun Inst of Optics, Fine Mechanics and Physics	1		1
声学研究所 Inst. of Acoustics	1		1
新疆生态与地理研究所 Xinjiang Inst. of Ecology and Geography	1		1
古脊椎动物与古人类研究所 Inst. of Vertebrate Paleontology and Paleoanthropology	1		1
计算技术研究所 Inst. of Computing Technology	1		1

续表 8-10

	合 计 Total	一等奖 1st class	二等奖 2nd class
上海光学精密机械研究所 Shanghai Inst. of Optics and Fine Mechanics	1		1
南京天文光学技术研究所 Nanjing Inst. of Astronomical Optics Technology	1		1
寒区旱区环境与工程研究所 Cold and Arid Regions Environmental and Engineering Research Inst.	1		1

注: 1. 国家最高科学技术奖每年只奖励 2 人。

Note: State Supreme S&T Award is only given 2 persons every year.

2. 总计中不包括国家最高科学技术奖。

The total number excludes one State Supreme S&T Award.

九、院、所投资企业开发经营活动

BUSINESS ACTIVITIES OF CAS AND ITS INSTITUTION INVESTED ENTERPRISES

9-1 院、所投资企业总体情况

Statistical Indices of CAS and Its Institution Invested Enterprises

单位: 万元 (ten thousand yuan)

项 目 Items	2000 年	2001 年	2002 年	2003 年	2004 年	2005 年
资产总额 Total assets	2531285	3242703	3917901	4141505	4944484	9180876
流动资产 Current assets	1584664	2227168	2715862	2969362	3485996	5991706
负债总额 Total liabilities	1245080	1722408	1838071	2116058	2671741	6725501
少数股东权益 Minority interests	342489	348051	419411	480652	486884	809412
所有者权益 Total owners' equity	943715	1172244	1660420	1544795	1785859	2131230
营业收入 Operating income	3683946	4345367	4949078	5337163	5675970	12303978
营业成本 Cost of sales	3106475	3717567	4200225	4546787	4706021	10506167
费用总额 Total fees	403909	459091	517668	598599	654802	1544720
利润总额 Total profit	198868	232410	360292	203162	259406	313327
上缴税金总额 Total tax paid	168308	219797	167124	158833	160696	228822
利税总额 Total profit and tax	354265	429885	505865	339937	393752	478913
创汇额(万美元) Foreign exchange income (ten thousand US dollars)	29603	29420	29425	50767	34334	181585
R&D 投入 R&D investment	112649	136699	136834	163207	153805	198740
成果获奖数(项) Achievements (item)	103	105	109	113	229	167
产品项目数(项) Number of products (item)	540	584	632	666	733	782

续表 9-1

项　目 Items	2000 年	2001 年	2002 年	2003 年	2004 年	2005 年
上缴院所利润 Profit turned over to CAS and institutes	12868	16885	16930	31615	16335	23135
上缴院所费用 Fees turned over to CAS and institutes	8684	5188	5899	7976	5636	4625
在职职工总数(人) Total number of staff at work	40477	52375	58576	60871	58185	67198
统计企业数(个) Number of enterprises	472	438	454	394	432	450

注: 1. 各项统计指标是按照企业法人为单位进行统计的。

Note: The statistical indices here are calculated by taking enterprises corporate as the basic units.

2. 在职职工总数：2003 年前数据为职工总数，含离退休人员。

The number of staff at work: the total number of staff at work before 2003 included the number of retired personnel.

9-2　院、所投资企业按在职职工总数分组(2005 年)

CAS and Its Institution Invested Enterprises, by Number of Staff: 2005

	合 计 Total	1~10 人 1~10 persons	11~50 人 11~50 persons	51~100 人 51~100 persons	101~200 人 101~200 persons	201~300 人 201~300 persons	>300 人 Over 300 persons
企业数(个) Number of enterprises	450	87	186	86	50	18	23
(%)	100	19.33	41.33	19.11	11.11	4.00	5.11
人　数 Number of people	67198	502	5185	6285	7225	4382	43619
(%)	100	0.75	7.72	9.35	10.75	6.52	64.91

注: 未提供人数的企业划在 1~10 人范围内。

Note: The number of people of the enterprises which do not provide data is assumed as less than 10.

9-3 院、所投资企业按营业收入分组(2005 年)

CAS and Its Institution Invested Enterprises, by Operating Income: 2005

单位: 万元 (ten thousand yuan)

	合 计 Total	<10	10~<50	50~<100	100~<500	500~<1000	1000~<5000	5000~<10000	>10000
企业数(个) Number of enterprises	402	31	38	40	104	55	83	24	27
(%)	100	7.71	9.45	9.95	25.87	13.68	20.65	5.97	6.72
营业收入 Operating income	12303978	63	1118	2991	29035	39629	188094	165048	11878001
(%)	100	0.00	0.01	0.02	0.24	0.32	1.53	1.34	96.54

注: 表 9-3,9-4,9-7 中企业数(个)是以集团合并报表进行统计得出的结果。

Note: The number of enterprises in Tables 9-3, 9-4 and 9-7 are calculated by taking the number of CAS invested group corporations statistical statement.

9-4 院、所投资企业按年利润总额分组(2005 年)

CAS and Its Institution Invested Enterprises, by Annual Profit: 2005

单位: 万元 (ten thousand yuan)

	合 计 Total	<10	10~<50	50~<100	100~<500	500~<1000	1000~<5000	5000~<10000	>10000
企业数 (个) Number of enterprises	402	212	62	34	54	16	18	3	3
(%)	100	52.73	15.42	8.46	13.43	3.98	4.48	0.75	0.75
利润总额 Total profit	313327	–27557	1664	2449	12042	11442	38890	20200	254197
(%)	100	–8.79	0.53	0.78	3.84	3.65	12.41	6.45	81.13

9-5 营业收入排序前 30 名的院、所投资企业(2005 年)

Top 30 CAS and Its Institution Invested Enterprises in Business Income: 2005

单位: 万元 (ten thousand yuan)

序号 No.	企业名称 Name of enterprises	营业收入 Operating income
1	联想控股有限公司(合并) Legend Holdings Ltd.	10818936
2	北京三环新材料高技术公司(合并) Beijing Sanhuan New Materials High-tech Inc.	145000
3	成都地奥制药集团有限公司 Chengdu Di'ao Pharmaceutical Corporation, CAS	116133
4	中国大恒(集团)有限公司(合并) China Daheng Group	97037
5	北京中关村科学城建设股份有限公司 Beijing Zhongguancun Science City Construction Holding Co.,Ltd.	92173
6	上海中科股份有限公司 Shanghai China Sciences Co.,Ltd.	47311
7	东方科学仪器进出口集团公司(本部) Oriental Scientific Instrument I/E Group Corporation (headquarters)	41276
8	北京中科资源有限公司(合并) Beijing Zhongke Resource Co.,Ltd.	39940
9	甘肃海林中科科技股份有限公司 Gansu Hailin CAS S&T Holding Co., Ltd.	39662
10	青岛金王应用化学股份有限公司 Qingdao Kingking Applied Chemistry Co., Ltd.	38712
11	中科软件股份有限公司 Sinosoft Co., Ltd.	31837
12	上海尼赛拉传感器有限公司 Shanghai Nicera Sensor Co., Ltd.	30386
13	上海华虹集成电路有限公司 Shanghai Huahong Integrated Circuit Co.,Ltd.	26760
14	长春联信光电子有限责任公司 Changchun Lancer Photo-electron Co.,Ltd.	25849
15	深圳市金科特种材料有限公司 Shenzhen Jinke Special Materials Co., Ltd.	25448
16	东方科学仪器上海进出口有限公司 Oriental Scientific Instrument Shanghai I/ E Corporation	25403
17	中科英华高技术股份有限公司 Zhongke Yinghua High-tech Co., Ltd.	22368

续表 9-5

序号 No.	企 业 名 称 Name of enterprises	营业收入 Operating income
18	北京中科希望软件股份有限公司 Beijing Zhongke Hope Software Co., Ltd.	21497
19	上海五洲药业股份有限公司 Shanghai International Pharmaceutical Co., Ltd.	20890
20	上海西卡思新技术总公司 Shanghai SICCAS High Technology Corporation	19173
21	北京汉王科技股份有限公司 Beijing Hanwang Technology Holding Co., Ltd.	17363
22	云南绿大地生物科技股份有限公司 Yunnan Green Land Biological S&T Holding Ltd.	15922
23	恩益禧-中科院软件研究所有限公司 NEC-CAS Software Laboratories Co., Ltd.	15753
24	上海硅酸盐研究所中试基地 Shanghai Institute of Ceramics R&D Center	15432
25	上海杰事杰新材料股份有限公司 Shanghai GENIUS Advanced Material Co., Ltd.	15103
26	北京东方中科集成科技有限公司 Beijing Oriental Jicheng Co., Ltd.	14674
27	上海凸版光掩模有限公司 Shanghai Tobban Photomarks Co., Ltd.	14254
28	北京中科科仪技术发展有限责任公司(合并) KYKY Technology Development Ltd.	14144
29	北京中科进出口公司 Beijing Zhongke Import & Export Company	14068
30	安徽中科大讯飞信息科技有限公司 Anhui iFLYTEK Co., Ltd.	13000

注：“合并”指合并会计报表，又称合并财务报表，即以母公司和子公司组成的企业集团为一会计主体，以母公司和子公司单独编制的个别会计报表为基础，由母公司编制的综合反映由母公司与子公司组成的企业集团经营成果、财务状况及其变动情况的会计报表。

Note: “Merged” refers to the merged statement of accounting or merged financial statement. It means the combined accounting statement of a group company consisting of parent company and subordinate companies, on the basis of the independent accounting statement of both the parent company and the subordinate companies. The merged accounting statement made by parent company indicates group company operating resuls, financial status and its changes of both the parent company and subordinate companies.

9-6 利润总额排序前30名的院、所投资企业(2005年)

Top 30 CAS and Its Institution Invested Enterprises in Total Profit: 2005

单位: 万元 (ten thousand yuan)

序号 No.	企业名称 Name of enterprises	利润总额 Total profit
1	联想控股有限公司(合并) Legend Holdings Ltd.	205167
2	成都地奥制药集团有限公司 Chengdu Di'ao Pharmaceutical Corporation, CAS	24301
3	北京三环新材料高技术公司(合并) Beijing Sanhuan New Materials High-tech Inc.	14000
4	中科实业集团(控股)公司(本部) China Sciences Holdings Co. (headquarters)	9208
5	上海华虹集成电路有限公司 Shanghai Huahong Integrated Circuit Co.,Ltd.	6867
6	中科英华高技术股份有限公司 Zhongke Yinghua High-tech Co., Ltd.	6136
7	上海尼赛拉传感器有限公司 Shanghai Nicera Sensor Co., Ltd.	5591
8	福建福晶科技有限公司 Fujian Castech Crystals, Inc.	4747
9	云南绿大地生物科技股份有限公司 Yunnan Green Land Biological S&T Holding Ltd.	4135
10	上海凸版光掩模有限公司 Shanghai Tobban Photomarks Co., Ltd.	3568
11	北京中关村科学城建设股份有限公司 Beijing Zhongguancun Science City Construction Holding Co., Ltd.	3152
12	青岛金王应用化学股份有限公司 Qingdao Kingking Applied Chemistry Co., Ltd.	2901
13	中国大恒(集团)有限公司(合并) China Daheng Group	2652
14	上海硅酸盐研究所中试基地 Shanghai Institute of Ceramics R&D Center	2577
15	南京中科集团股份有限公司 Nanjing Zhongke Group Co., Ltd.	2094

续表 9-6

序号 No.	企 业 名 称 Name of enterprises	利润总额 Total profit
16	安徽中科大讯飞信息科技有限公司 Anhui iFLYTEK Co., Ltd.	2086
17	北京中科科仪技术发展有限责任公司 KYKY Technology Development Ltd.	2016
18	上海德福光电技术有限公司(本部) Shanghai Defu Optoelectronics Technology Co., Ltd. (headquarters)	1999
19	深圳市金科特种材料有限公司 Shenzhen Jinke Special Materials Co., Ltd.	1993
20	东方科学仪器进出口集团公司(本部) Oriental Scientific Instrument I/E Group Co., Ltd. (headquarters)	1706
21	沈阳新松机器人自动化股份有限公司 ShenYang SIAShine Electronic Engineering Co., Ltd.	1448
22	上海中科股份有限公司 Shanghai China Sciences Co.,Ltd.	1243
23	上海瀛赛拉磁性器材有限公司 Shanghai Nicera Magnetic Components Co., Ltd.	1236
24	北京百奥药业有限责任公司 Beijing Baiao Pharmaceutics Co., Ltd.	1150
25	北京超图地理信息技术有限公司 Beijing Supermap GIS Technologies Co., Ltd.	1141
26	北京汉王科技股份有限公司 Beijing Hanwang Technology Holding Co., Ltd.	1138
27	南京中科天文仪器有限公司(合并) Nanjing Astronomical Instruments Co., Ltd.	1086
28	北京中科通用能源环保有限责任公司 Beijing China Science General Energy and Environment Co., Ltd.	1067
29	长春奥普光电技术股份有限公司 Changchun Aopu Opto-electronic Technology Co., Ltd.	1065
30	上海新微电子有限公司 Shanghai New Microelectronics Co., Ltd.	1030

9-7 院、所投资企业经营情况按行业分类(2005 年)

Statistics of Business Operation of CAS and Its Institution Invested Enterprises, by Sector: 2005

行 业 Sector	企业数（个） Number of enterprises	营业收入（万元） Operating income (ten thousand yuan)	利润总额（万元） Annual profit (ten thousand yuan)
合 计 Total	**402**	**12303978**	**313327**
采矿业 Mining	1	4201	195
房地产业 Real estate	3	612	-63
公共管理和社会组织 Public management and social organization	2	113	42
建筑业 Construction	8	10882	312
教育 Education	1	304	130
居民服务和其他服务业 Residential service and other services	54	33314	–2750
科学研究、技术服务和地质勘查业 Science research, technical services and geological exploration	57	83127	4851
农、林、牧、渔业 Agriculture, forestry, animal husbandry and fishery	9	22524	3745
批发和零售业 Whole sale and retail	15	60473	1077
水利、环境和公共设施管理业 Water conservancy, environment and public facility management	2	3010	823
卫生、社会保障和社会福利业 Public health, social security and welfare	1	20890	533
文化、体育和娱乐业 Culture, sports and recreation industry	7	5959	637
信息传输、计算机服务和软件业 Information communication, computer services and software	57	141380	5078
制造业 Manufacturing	165	11791232	294649
住宿和餐饮业 Lodging and food service	9	6635	-34
租赁和商务服务业 Leasing industry and business services	10	119095	4095
交通运输、仓储和邮政业 Transportation,warehousing and post	1	227	7

9-8 院、所投资企业高新技术产品分类(2005 年)

New and High-technology Products of CAS and Its Institution Invested Enterprises: 2005

产品分类 Category	产品项目数(项) Number of products (item)	销售收入(万元) Sales income (ten thousand yuan)	出口额(万美元) Export value (ten thousand US dollars)
合 计 Total	**230**	**9201297**	**166702**
电子与信息 Electronics and information technology	38	8673349	139622
软件 Software	40	51434	1943
生物、医药和医疗器械 Biology, medicine and medical equipment	38	99663	31
新材料 New materials	52	310485	21023
光机电一体化 Photoelectromechanics	41	41661	3886
新能源、高效节能 New energy and energy-saving technology	7	1572	
环境保护 Environment protection	4	8685	
地球、空间及海洋工程 Earth, space and ocean engineering	3	320	
农业 Agriculture	7	14128	197

主要统计指标解释

1. **院、所投资企业**

中国科学院及其所属各单位投资的全资、控股和参股企业。

2. **在职职工总数**

在职职工总数包括固定合同制职工、聘用人员和临时工。

3. **少数股东权益**

指集团公司的子公司所有者权益中不属于母公司的份额，在合并会计报表中用“少数股东权益”表示。

4. **所有者权益**

所有者权益为资产总额扣除负债总额和少数股东权益后的余额。

5. **上缴税金总额**

上缴税金总额包括增值税、营业税金及附加、所得税及其他税金的总和。

6. **营业收入**

营业收入是指企业在生产经营活动中，由销售产品和商品、进行技术服务、提供劳务等取得的收入。

7. **利润总额**

利润总额包括营业利润、投资净收益及营业外收支净额，为所得税前利润。

营业利润是指营业收入扣减成本、各种费用、流转税及附加税费的数额。

投资净收益是指投资收益扣除投资损失后的数额。

营业外收支净额为营业外收入减去营业外支出后的数额。

8. **利税总额**

利税总额是税后净利润与全部上缴税金之和。

Explanatory Notes on Key Indicators

1. CAS and it institution invested enterprises

This refers to the wholly owned enterprises, holding companies and share holding companies invested by CAS and its institutions.

2. Total number of staff at work

This includes permanent and contract staff, invited engaged staff and temporary staff.

3. Minority interests

This refers to the share of the total owner's equity of the subordinate company in a group company which does not belong to the parent company. It is indicated as "Minority interests" on the merged statement of the group company accounting.

4. Total owner's equity

This refers to the total value of the assets in an enterprise after deducting all debts and minority Shareholders' interests.

5. Total tax

This includes value added tax, business tax, surtax, income tax and other taxes.

6. Operating income

This refers to the income obtained by the enterprises in their production and business activities such as product sales, commodity sales, technical service and labor service.

7. Total profit

This refers to profit before income tax, including operation profit, net income from investment and non-operating profit. Operating profit refers to net income after deduction of cost, various expenditure, indirect tax and surtax. Net income from investment refers to investment income after deducting investment losses, and non-operating profit refers to non-operating income after deducting non-operating expenses.

8. Total profit from interest and tax

Total profit from benefits and tax refers to the net benefits plus total tax of enterprises.

十、院、地合作

CAS AND LOCALITY COOPERATION

10-1 院、地合作总体情况
General Statistics of CAS and Locality Cooperation

年　份 Year	项目数(项) Number of projects (item)	销售收入(万元) Sales income (ten thousand yuan)	利税总额(万元) Total profits and taxes (ten thousand yuan)
2001	858	1611200	351700
2002	1415	2430975	500720
2003	3002	3124331	594917
2004	2979	3589498	676499
2005	2458	4224022	761181

注：1. 第 10 部分表中的项目数指：自 1996 年以来中国科学院转让到省市、企业的合作项目在当年度实施并获取到的统计数据。

Note: The project index in the section 10 indicates the data of the cooperative projects transferred by the CAS since 1996 to the provinces, municipalities and local enterprises, implemented in the current year.

2. 第 10 部分表中的销售收入及利税总额指：中国科学院转让的项目在地方企业当年产生的销售收入及利税总额。

The sales income and profits and taxes in Section 10 refer to the total sales income and profits and taxes generated by the projects transferred by CAS to the local enterprises in the current year.

10-2 院、地合作项目按销售收入分组(2005 年)
CAS and Locality Cooperation Projects, by Sales Income: 2005

	合计 Total	3000 万元以下 Below 30 million	3000~5000 万元 30~50 million	5000~10000 万元 50~100 million	1 亿元以上 Over 100 million
项目数(项) Number of projects (item)	2458	2231	78	77	72
(%)	100	90.76	3.17	3.13	2.93
销售收入(万元) Sales income (ten thousand yuan)	4224022	855787	316455	567447	2484333
(%)	100	20.26	7.49	13.43	58.81

10-3 分院分工负责院、地合作区域情况(2005 年)

Statistics of CAS Branches and Locality Cooperation, by Areas: 2005

分院及地区 Branch and region	项目数(项) Number of projects (item)	销售收入(万元) Sales income (ten thousand yuan)	利税总额(万元) Total profits and taxes (ten thousand yuan)
总 计 Total	**2434**	**4142053**	**759678**
北京地区 Beijing Area	443	538587	70078
沈阳分院 Shenyang Branch	326	440601	40890
长春分院 Changchun Branch	48	356660	67857
上海分院 Shanghai Branch	271	665996	105536
南京分院 Nanjing Branch	492	801750	164540
合肥物质科学研究院 Hefei Institutes of Physical Sciences	145	398060	63382
武汉分院 Wuhan Branch	66	119310	23421
广州分院 Guangzhou Branch	123	199190	52482
成都分院 Chengdu Branch	222	253793	88485
昆明分院 Kunming Branch	47	135524	12861
西安分院 Xi'an Branch	109	33936	6610
兰州分院 Lanzhou Branch	142	198646	63536
新疆分院 Xinjiang Branch	24	81969	1503

注：为充分发挥分院在院地合作中的作用，根据中科院院地合作的实际情况，对分院在院地合作中重点负责地区进行了划分并根据分工负责区域进行统计。目前京区、分院(研究院)分工区域为，北京地区：北京；沈阳分院：辽宁省、山东省、河北省、天津市；长春分院：吉林省、黑龙江省；上海分院：上海市、浙江省、福建省；南京分院：江苏省、江西省；合肥物质研究院：安徽省、河南省；武汉分院：湖北省、湖南省；广州分院：广东省、广西壮族自治区、海南省；成都分院：四川省、重庆市、西藏自治区；昆明分院：云南省、贵州省；西安分院：陕西省、山西省、宁夏回族自治区；兰州分院：甘肃省、青海省、内蒙古自治区；新疆分院：新疆维吾尔自治区。

Note: In order to bring CAS Branches into full play in the cooperation between CAS and local governments and enterprises, CAS has put its responsibility on each of its Branches for the cooperation. The main responsible areas for each Branch are devided and the datas are also calculated from the following responsible areas: CAS Head Office is responsible for Beijing area; Shenyang Branch:Liaoning Province, Shangdong Province, Hebei Province, Tianjin Municipality; Changchun Branch: Jilin Province, Heilongjiang Province; Shanghai Branch: Shanghai Municipality, Zhejiang Province, Fujian Province; Nanjing Branch: Jiangsu Province, Jiangxi Province; Hefei Institutes of Physical Sciences:Anhui Province, Henan Province; Wuhan Branch: Hubei Province, Hunan Province; Guangzhou Branch: Guangdong Province, Guangxi Zhuang Autonomous Region, Hainan Province; Chengdu Branch: Sichuan Province, Chongqing Municipality, Tibet Autonomous Region; Kunming Branch: Yunnan Province, Guizhou Province; Xi'an Branch: Shaanxi Province, Shaanxi Province, Ningxia Hui Autonomous Region; Lanzhou Branch: Gansu Province, Qinghai Province, Inner Mongolian Autonomous Region; Xinjiang Branch:Xinjiang Uygur Autonomous Region.

10-4 院、地合作销售收入排序前 15 名的单位(2005 年)

Top 15 Institutions in Terms of Sales Income Generated from CAS and Locality Cooperation: 2005

单位名称 Names of institutes	项目数(项) Number of projects (item)	销售收入(万元) Sales income (ten thousand yuan)	利税总额(万元) Total profits and taxes (ten thousand yuan)
工程热物理研究所 Inst.of Engineering Thermophysics	25	405760	60459
沈阳自动化研究所 Shenyang Inst. of Automation	148	284817	53990
大连化学物理研究所 Dalian Inst. of Chemical Physics	175	244445	27134
中国科学技术大学 University of Science and Technology of China	76	220279	42846
广州能源研究所 Guangzhou Inst. of Energy Conversion	22	185845	22220
金属研究所 Inst. of Metals Research	116	182660	12419
长春应用化学研究所 Changchun Inst. Of Applied Chemistry	58	179341	31116
昆明植物研究所 Kunming Inst. of Botany	14	105983	10289
理化技术研究所 Technical Inst. of Physics and Chemistry	41	76132	17353
青海盐湖研究所 Qinghai Inst. of Saline Lakes	5	73303	36067
近代物理研究所 Inst. of modern Physics	31	71040	17597
山西煤炭化学研究所 Shanxi Inst. of Coal Chemical	38	68034	12352
合肥物质科学研究院* Hefei Institutes of Physical Sciences	38	64725	10624
上海生命科学研究院 Shanghai Institutes for Biological Sciences	45	63893	12003
东北地理与农业生态研究所 Northeast Inst. of Geography and Agricultural Ecology	9	61510	10041

注：该表中“合肥物质科学研究院*”是该研究院转化项目所产生的社会经济效益统计结果。

Note: Hefei Institutes of Physical Science in this table indicates the socio-economical effects from the projects tranferred by the Institutes.

十一、国际合作及与港、澳、台地区交流

INTERNATIONAL COOPERATION, AND EXCHANGES WITH HONG KONG, MACAO AND TAIWAN REGIONS

11-1 国际合作及与港、澳、台地区交流情况

International Cooperation, and Exchanges with Hong Kong, Macao and Taiwan Regions

单位: 人次 (person · time)

年份 Year	派出 CAS staff sent outside	邀请 Visitors hosted by CAS	年份 Year	派出 CAS staff sent outside	邀请 Visitors hosted by CAS
1950	16		1985	1713	3197
1951	11		1986	1310	3770
1952	5		1987	2216	2558
1953	53		1988	3344	3518
1954	45	3	1989	4077	2097
1955	84	84	1990	4456	2184
1956	226	204	1991	4459	2544
1957	133	248	1992	4164	2425
1958	159	345	1993	4378	2719
1959	103	302	1994	4319	1835
1960	119	192	1995	4484	2554
1961	75	27	1996	5432	2018
			1997	5247	2990
1976	147	200	1998	5035	2861
1977	217	322	1999	7237	2895
1978	587	571	2000	6622	2929
1979	784	1074	2001	7304	8576
1980	950	1760	2002	8460	7987
1981	1119	1211	2003	7370	6730
1982	1322	992	2004	7638	11646
1983	1222	1798	2005	8153	13421
1984	1827	1845			

注: 2002 年的邀请统计中包含了顺访外宾人次。

Note: The statistics of invited visitors in 2002 includes the number of short visits.

11-2 国际合作及与港、澳、台地区交流邀请项目按类型分类(2005 年)

Statistics of Visitors Hosted by CAS, by Type of Exchange: 2005

单位: 人次　　　　(person · time)

国家与地区 Country and region	按交流形式分类统计 By type of exchange						
	小 计 Subtotal	考察访问 Investigation and visit	合作研究 Joint research	国际会议 International conference	培 训 Training	科技展览 S&T Exhibition	其 他 Others
合 计 Total	**13421**	**4431**	**2352**	**5585**	**242**	**3**	**808**
亚 洲 Asia	3413	1355	495	1386	92	1	84
阿富汗 Afghanistan	20	18		2			
阿拉伯联合酋长国 The United Arab Emirates	1			1			
巴基斯坦 Pakistan	48	14	4	20	10		
巴勒斯坦 Palestine	4	3		1			
朝鲜 PDRK	62	36	6	8	8		4
菲律宾 Philipplines	27	5	8	12	2		
哈萨克斯坦 Kazakhstan	10	4	2	4			
韩国 Republic of Korea	539	197	78	250	3		11
吉尔吉斯斯坦 Kirghizia	1		1				
柬埔寨 Cambodia	19	6	2	8	3		
老挝 Laos	15	8		7			
马来西亚 Malaysia	33	9	5	19			
蒙古 Mongolia	47	30		4	12		1
孟加拉国 Bangladesh	6	3		3			

国家与地区 Country and region	按交流形式分类统计 By type of exchange						
	小 计 Subtotal	考察访问 Investigation and visit	合作研究 Joint research	国际会议 International conference	培 训 Training	科技展览 S&T Exhibition	其 他 Others
缅甸 Myanmar	6	4			2		
尼泊尔 Nepal	17		3	14			
日本 Japan	1692	637	315	695	7	1	37
沙特阿拉伯 Saudi Arabia	2	1		1			
斯里兰卡 Sri Lanka	6	2		3	1		
泰国 Thailand	224	174	27	20	3		
土耳其 Turkey	11		1	10			
乌兹别克斯坦 Uzbekistan	9		3	5			1
叙利亚 Syria	6	1		5			
伊拉克 Iraq	1			1			
伊朗 Iran	49	2	1	46			
以色列 Israel	52	15	4	32			1
印度 Indian	143	15	17	105	6		
印度尼西亚 Indinesia	44	21		13	10		
越南 Vietnam	165	101	5	31	20		8
新加坡 Singapore	101	34	11	34	1		21
不丹 Bhutan	3		1	2			
亚洲其他国家 Others in Asia	50	15	1	30	4		
欧 洲 Europe	5101	1468	987	2370	59	1	216

续表 11-2

国家与地区 Country and region	按交流形式分类统计 By type of exchange						
	小计 Subtotal	考察访问 Investigation and visit	合作研究 Joint research	国际会议 International conference	培训 Training	科技展览 S&T Exhibition	其他 Others
爱尔兰 Ireland	24	5	5	14			
爱沙尼亚 Estonia	9			9			
奥地利 Austrlia	54	14	11	17	1		11
比利时 Belgium	101	34	18	49			
冰岛 Iceland	3	2		1			
波兰 Poland	74	10	11	53			
丹麦 Denmark	58	29	11	18			
德国 Germany	1152	298	223	587	2		42
俄罗斯 Russia	579	155	97	300	8	1	18
法国 France	1033	374	165	440	26		28
芬兰 Finland	94	10	12	19	16		37
捷克 Czech	39	7	5	27			
立陶宛 Lithuania	2			2			
荷兰 Netherlands	180	57	36	66	1		20
克罗地亚 Croatia	2			2			
卢森堡 Luxembourg	1			1			
保加利亚 Bulgaria	5	1		4			
罗马尼亚 Roumania	9		2	7			
挪威 Norway	57	20	11	24	1		1

续表 11-2

国家与地区 Country and region	按交流形式分类统计 By type of exchange						
	小 计 Subtotal	考察访问 Investigation and visit	合作研究 Joint research	国际会议 International conference	培 训 Training	科技展览 S&T Exhibition	其 他 Others
葡萄牙 Portugal	21	6	1	14			
瑞典 Swedan	140	69	21	50			
瑞士 Switzerland	150	43	62	36			9
斯洛伐克 Slovak	8	2		6			
斯洛文尼亚 Slovenia	9	1	2	6			
乌克兰 Ukraine	38	12	11	15			
西班牙 Spain	91	8	5	78			
希腊 Greece	23	1	3	19			
匈牙利 Hungary	21	5	1	15			
意大利 Italy	273	33	106	127	1		6
英国 England	820	270	153	350	3		44
欧盟 European Union	5		5				
联合国及所属机构和其他国际组织 Others and UN System	26	2	10	14			
非 洲 Africa	123	18	7	55	34		9
阿尔及利亚 Algeria	1			1			
埃及 Egypt	37	1		6	30		
埃塞俄比亚 Ethiopia	4		1	3			
厄立特里亚 Eritrea	16	11					5

国家与地区 Country and region	按交流形式分类统计 By type of exchange						
	小 计 Subtotal	考察访问 Investigation and visit	合作研究 Joint research	国际会议 International conference	培 训 Training	科技展览 S&T Exhibition	其 他 Others
津巴布韦 Zimbabwe	2		1	1			
喀麦隆 Cameroon	2		1		1		
肯尼亚 Kenya	5		1	3	1		
卢旺达 Rwanda	2		1	1			
南非 South Africa	27	6	1	20			
尼日利亚 Nigeria	20			17			3
塞内加尔 Senegal	1						1
苏丹 Sudan	1				1		
突尼斯 Tunisia	1			1			
乌干达 Uganda	1			1			
马拉维 Malawi	1			1			
多哥 Togo	1		1				
贝宁 Benin	1				1		
南美洲 South America	77	33	4	39			1
阿根廷 Argentina	4			4			
巴西 Brazil	37	9	2	26			
哥伦比亚 Colombia	5	1	1	3			
古巴 Cuba	25	23		2			

续表 11-2

国家与地区 Country and region	按交流形式分类统计 By type of exchange						
	小 计 Subtotal	考察访问 Investigation and visit	合作研究 Joint research	国际会议 International conference	培 训 Training	科技展览 S&T Exhibition	其 他 Others
特立尼达和多巴哥 Trinidad and Tobago	1						1
智利 Chile	3			3			
洪都拉斯 Honduras	1		1				
委内瑞拉 Venezuela	1			1			
北美洲 North America	3443	1127	669	1472	42	1	132
加拿大 Canada	407	162	94	141	1		9
美国 USA	2993	963	574	1291	41	1	123
墨西哥 Mexico	43	2	1	40			
大洋洲 Oceania	336	117	63	102	8		46
澳大利亚 Australia	304	110	58	92	7		37
新喀里多尼亚 New Caledonia	1				1		
新西兰 New Zealand	31	7	5	10			9
港、澳、台地区 Hong Kong, Macao and Taiwan Regions	928	313	127	161	7		320
香港 Hong Kong	463	216	99	140	7		1
澳门 Macao	10		2	8			
台湾 Taiwan	455	97	26	13			319

11-3 国际合作及与港、澳、台地区交流派出项目按类型分类(2005年)

Statistics of CAS Staff Sent Outside, by Type of Exchange: 2005

单位: 人次 (person · time)

国家与地区 Country and region	按交流形式分类统计 By type of exchange						
	小 计 Subtotal	考察访问 Investigation and visit	合作研究 Joint research	国际会议 International conference	培 训 Training	科技展览 S&T Exhibition	其 他 Others
合 计 Total	**8153**	**2156**	**1357**	**3543**	**135**	**152**	**810**
亚 洲 Asia	2232	450	383	1135	40	42	182
阿富汗 Afghanistan	1						1
巴林 bahrein islands	1						1
孟加拉 Bangladesh	2						2
文莱 Brunei	2						2
缅甸 Burma	2					2	
柬埔寨 Cambodia	5						5
斯里兰卡 Sri Lanka	1			1			
塞浦路斯 Cyprus	1			1			
印度 India	117	4	4	101		2	6
印度尼西亚 Indonesia	39		10	25	2		2
伊朗 Iran	5			4		1	
以色列 Israel	26	4	1	5	2	5	9
日本 Japan	987	254	253	436	11	25	8

国家与地区 Country and region	按交流形式分类统计 By type of exchange						
	小 计 Subtotal	考察访问 Investigation and visit	合作研究 Joint research	国际会议 International conference	培 训 Training	科技展览 S&T Exhibition	其 他 Others
约旦 Jordan	1					1	
朝鲜 PDRK	24	21	3				
韩国 Republic of Korea	504	103	65	307	19	2	8
老挝 Laos	2			1			1
马来西亚 Malaysia	45		14	12	3	2	14
蒙古 Mongolia	46	9	10	17			10
尼泊尔 Nepal	10	4	1	3			2
巴基斯坦 Pakistan	26	5	1	10			10
菲律宾 Philippines	23	3		16			4
卡塔尔 Kartel	1			1			
新加坡 Singapore	172	26	16	101		2	27
越南 Vietnam	47	4	1	34			8
叙利亚 Syria	2	1		1			
泰国 Thailand	116	12	1	44	2		57
阿拉伯联合酋长国 United Arab Emirates	2			1	1		
土耳其 Turkey	11			10			1
乌兹别克 Uzbekistan	8		3	1			4

国家与地区 Country and region	按交流形式分类统计 By type of exchange						
	小 计 Subtotal	考察访问 Investigation and visit	合作研究 Joint research	国际会议 International conference	培 训 Training	科技展览 S&T Exhibition	其 他 Others
吉尔吉斯 Kirghizia	1			1			
亚美尼亚 Armenia	2			2			
欧 洲 Europe	2831	807	620	1058	35	64	247
奥地利 Austria	110	8	4	79			19
比利时 Belgium	61	4	5	44			8
保加利亚 Bulgaria	8			6			2
白俄罗斯 White Russia	10						10
丹麦 Denmark	19	2	8	8			1
芬兰 Finland	39	12	11	12	2		2
法国 France	426	185	70	146	3	17	5
希腊 Greece	35		1	30			4
匈牙利 Hungary	31	4	7	14			6
爱尔兰 Ireland	12	1	6	5			
意大利 Italy	199	13	41	117	2		26
卢森堡 Luxembourg	4						4
摩纳哥 Monaco	3			3			
荷兰 Netherlands	129	23	22	58	1	2	23

续表 11-3

国家与地区 Country and region	按交流形式分类统计 By type of exchange						
	小 计 Subtotal	考察访问 Investigation and visit	合作研究 Joint research	国际会议 International conference	培 训 Training	科技展览 S&T Exhibition	其 他 Others
挪威 Norway	47	3	6	24			14
波兰 Porland	17		3	7	1		6
葡萄牙 Portugal	19		2	14			3
罗马尼亚 Roumania	1			1			
西班牙 Spain	58		5	43			10
瑞典 Sweden	88	28	13	27	1		19
瑞士 Switzerland	127	23	31	55	1		17
乌克兰 Ukraine	9	2		5			2
英国 UK	329	118	79	92	14	19	7
塞尔维亚共和国 Serbia	1			1			
俄罗斯 Russia	450	186	190	32	7	14	21
爱沙尼亚 Estonia	1			1			
拉脱维亚 Latvia	2		1	1			
立陶宛 Lithuania	1			1			
克罗地亚 Croatia	3			3			
斯洛文尼亚 Slovenia	3		1	1			1
捷克 Czech	41	1	8	22			10
德国 Germany	548	194	106	206	3	12	27

国家与地区 Country and region	按交流形式分类统计 By type of exchange						
	小 计 Subtotal	考察访问 Investigation and visit	合作研究 Joint research	国际会议 International conference	培 训 Training	科技展览 S&T Exhibition	其 他 Others
非 洲 Africa	108	28		58		5	17
阿尔及利亚 Algeria	2					2	
贝宁 Benin	6						6
埃塞俄比亚 Ethiopia	4	2		2			
肯尼亚 Kenya	6	4		1			1
毛里求斯 Mauritius	2			2			
摩洛哥 Morocco	1			1			
纳米比亚 Namibia	1			1			
卢旺达 Rwanda	1	1					
南非 South Africa	25	9		16			
苏丹 Sudan	2					2	
突尼斯 Tunisia	8			7			1
乌干达 Uganda	2			2			
埃及 Egypt	41	8		25		1	7
坦桑尼亚 Tanzania	1			1			
厄立特里亚 Eritrea	6	4					2
北美洲 North America	1638	427	228	773	20	29	161
加拿大 Canada	309	46	49	154	1	12	47
牙买加 Jamaica	5	3		1			1
墨西哥 Mexico	43	12	1	14			16

国家与地区 Country and region	按交流形式分类统计 By type of exchange						
	小 计 Subtotal	考察访问 Investigation and visit	合作研究 Joint research	国际会议 International conference	培 训 Training	科技展览 S&T Exhibition	其 他 Others
巴拿马 Panama	2			1			1
波多黎各 Porto rico	1						1
特立尼达和多巴哥 Trinidad and Tobago	1			1			
美国 America	1277	366	178	602	19	17	95
南美洲 South America	124	28	5	74	3	1	13
阿根廷 Argentina	27	8	4	14			1
巴西 Brazil	61	11		41	3	1	5
智利 Chile	20	4	1	11			4
哥伦比亚 Colombia	3						3
厄瓜多尔 Ecuador	4			4			
南太平洋诸岛 the South Sea Islands	4	4					
秘鲁 Peru	2	1		1			
乌拉圭 Uruguay	3			3			
大洋洲 Oceania	278	101	45	98	29		5
澳大利亚 Australia	252	98	42	79	29		4
新西兰 New Zealand	26	3	3	19			1
港、澳、台地区 Hong Kong Macao and Taiwan Regions	942	315	76	347	8	11	185
香港 Hong Kong	546	226	46	248	8	11	7
澳门 Macao	72	3	10	53			6
台湾 Taiwan	324	86	20	46			172

11-4 在国际组织任职人员情况 (2005.8.15)

Statistics of CAS Professionals Holding Posts in Various International Organizations: (2005.8.15)

	人数 Person		人数 Person
一、在国际组织任职人员分布情况 International organizations in which CAS professionals hold posts	724	国际第四纪研究联盟 International Union for Quaternary Research (INQUA)	2
第三世界科学院 The Third World Academy of Sciences (TWAS)	99	其他国际组织 Other international organizations	560
国际天文学联盟 International Astronomical Union (IAU)	3	二、其中在国际组织担任重要职务情况 Of which, major posts held by CAS professionals	31
国际山地综合开发中心 International Center for Integrated Mountain Development (ICIMOD)	2	主席 President	26
联合国教科文组织 United Nations Educational, Scientific and Cultural Organization (UNESCO)	10	副主席 Vice President	29
国际自然与自然资源保护联盟 International Union for Conservation of Natural Resources (IUCN)	26	常务理事 Executive Council Member	5
国际纯粹与应用化学联盟 International Union of Pure and Applied Chemistry (IUPAC)	7	国家代表 National Representative	6
国际纯粹与应用物理学联盟 International Union of Pure and Applied Physics (IUPAP)	7	秘书长 Secretary-General	
国际地圈生物圈计划 The International Geosphere Biosphere Program (IGBP)	1	三、在国际组织任职人员中的院士人数 Number of CAS and CAE members who hold international organization posts	112
国际科学理事会 International Council for Science(ICS)	7		

注：从 2005 年起不包含在国际期刊任职人员(209 人)。

Note: Since 2005, 209 persons who hold positions of international periodicals and magazines havenot included.

十二、文献情报、图书出版

DOCUMENTATION, INFORMATION AND PUBLICATION

12-1 文献情报系统馆藏文献情况
Statistics of Documentation Collected by CAS Documentation and Information System

单位: 万册 (ten thousand volumes)

年份 Year	文献收藏总量 Total collection	其中: 院中心和地区中心藏书量 Of which: Total books collected by LCAS and 4 regional centers	图书 Books 合计 Total	图书 Books 中文 Chinese	图书 Books 外文 Foreign languages	期刊 Periodicals 合计 Total	期刊 Periodicals 中文 Chinese	期刊 Periodicals 外文 Foreign languages	其他文献 Others
1950	63	34	51			12	6	6	
1955	272	118	182	115	67	88	26	62	2
1959	813	413	484	347	137	314	81	233	15
1965	1542	849	851	608	243	664	221	433	27
1978	867	692	367	184	183	193	102	91	307
1981	1753	876	668	354	314	679	190	489	406
1985	2104	962	600	312	288	1089	352	737	415
1988	2935	1240	679	359	320	1809	367	1442	447
1990	2565	1033	836	402	434	1729	357	1372	530
1991	3306	1269	810	392	418	1834	396	1438	662
1992	3032	1446	821	402	419	1553	353	1200	658
1993	3006	1450	786	409	377	1563	364	1199	657
1994	3032	1224	791	456	335	1592	368	1224	649
1995	3632	1232	768	394	374	2236	533	1703	628
1996	3700	1248	764	405	359	2316	549	1767	620
1997	3673	1271	681	339	342	2366	567	1799	626
1998	3606	1345	586	282	304	2295	540	1754	726
1999	4150	1358	629	322	307	2180	564	1616	1342
2000	3807	1365	782	450	332	2183	555	1627	843
2001	3624	1377	741	431	311	2037	538	1499	846
2002	3284	1105	678	416	263	1739	522	1216	868
2003	3194	1432	691	390	301	1713	551	1162	790
2004	3432	1667	711	402	309	1897	556	1341	824
2005	3311	1714	692	394	298	1894	566	1328	725

注: 1. 中国科学院文献情报中心。

Note: Library of Chinese Academy of Sciences, LCAS.

2. 地区文献情报中心。

Regional Documentation and Information Center of the Chinese Academy of Sciences,Regional Center.

3. 中国科学院文献情报系统包括中国科学院文献情报中心、4个地区文献情报中心和研究所文献情报机构。

CAS documentation and information system includes LCAS, 4 regional documentation and information centers and documentation and information services in the CAS institutes.

12-2 文献情报系统馆藏图书、期刊情况(2005 年)

Statistics of Books and Periodicals Collected by CAS Documentation and Information System: 2005

单位: 万册 (ten thousand volumes)

	合计 Total	中文 Chinese	西文 Western languages	日文 Japanese	俄文 Russian	其他 Others
图书总册数 Total number of books	**692**	**394**	**204**	**26**	**65**	**3**
其中:院中心与地区中心 Of which: Collected by LCAS and 4 regional centers	214	96	73	13	32	0
期刊总册数 Total items of periodicals	**1894**	**566**	**1088**	**121**	**112**	**7**
其中:院中心与地区中心 Of which: Collected by LCAS and 4 regional centers	1081	352	574	82	67	6

12-3 文献情报系统馆藏其他文献情况 (2005 年)

Statistics of Other Documents Collected by CAS Documentation and Information System: 2005

	古籍 (册) Rare books (volume)	学位论文 (篇) Theses (article)	会议录 (册) Proceedings (volume)	专利文献 (件) Patents (item)	照片图纸 (张) Photos and blueprints (frame)	科技报告 (篇) S&T reports (article)
总计 Total	**808920**	**75578**	**176525**	**1960781**	**2111755**	**477023**
其中: 院中心与地区中心 Of which: Collected by LCAS and 4 regional centers	555079	40469	84690	1933430	2010	341630

	成果资料 (件) Achievement documents (item)	标准文献 (件) Standard documents (item)	音像制品 (盒) Audiovisual documents (box)	缩微制品 (盒) Microforms (box)	其他 (件) Others (item)	电子期刊 (种) Electrical journals (volume)
总计 Total	**60769**	**35642**	**20350**	**1298859**	**223419**	**214736**
其中: 院中心与地区中心 Of which: Collected by LCAS and 4 regional centers		18910	6962	1217031		67379

12-4 文献情报系统情报服务情况(2005 年)
Documentation Services Provided by CAS Documentation and Information System: 2005

	文献流通(册·次) Documents circulated (volume·times)	馆际互借(册·次) Inter-library loans (volume·times)	全文传递(篇) Document delivery (article)	国际交换(册) International document exchange (volume)	文献复制(页) Document reproduction (page)
总 计 Total	**4638358**	**11348**	**83032**	**40178**	**3478273**
其中: 院中心与地区中心 Of which: Collected by LCAS and 4 regional centers	1543555	1165	58003	5553	2067303

12-5 文献情报系统情报加工与服务情况(2005 年)
Information Processing and Services Provided by CAS Documentation and Information System: 2005

	情报服务 Information services			二次文献加工 Secondary information processing		情报调研报告(篇) Information research report (article)
	专题咨询(次) Special subject consultation (time)	文献检索(条) Documentation retrieval (item)	科技查新(项) Novelty-searching (item)	文摘(条) Abstract (item)	数据库数据加工(条) Data processing (item)	
总 计 Total	**20231**	**12851**	**3032**	**3287317**	**4193089**	**256**
其中: 院中心与地区中心 Of which: Collected by LCAS and 4 regional centers	16662	8843	2363	3238751	3482407	193

12-6 图书

Classification of

年 份 Year	合 计 Total		科学出版社 Science Press		
	初版(种) First edition (title)	重版(种) Republication (title)	初版书 First edition		
			种 (title)	万字 (ten thousand Chinese characters)	万册 (ten thousand volumes)
总 计 Total	**28544**	**20611**	**26701**	**943692**	**28486**
1950~1954	238		238	3157	106
1955~1965	3301	1557	3301	71427	1396
1966~1970	172	126	172	4834	188
1971~1977	892	177	892	21508	3981
1978~1985	3140	748	3140	89744	5867
1986~1990	2707	479	2480	76280	1758
1991	483	176	396	14624	289
1992	541	136	465	15680	599
1993	618	113	465	17125	399
1994	678	209	608	22448	441
1995	605	247	505	20309	542
1996	653	318	534	17799	466
1997	610	540	515	17495	509
1998	868	822	791	27370	827
1999	1168	918	1068	66681	1088
2000	1283	1211	1180	54273	1209
2001	1335	1549	1215	56990	948
2002	1519	1827	1377	59359	1711
2003	2149	2605	1982	75112	2056
2004	2982	3175	2877	111849	2589
2005	2602	3678	2500	99628	1517

出版情况

Books Published

		中国科学技术大学出版社 The Press of the University of Science and Technology of China				
重版书 Republication		初版书 First edition			重版书 Republication	
种 (title)	万册 (ten thousand volumes)	种 (title)	万字 (ten thousand Chinese characters)	万册 (ten thousand volumes)	种 (title)	万册 (ten thousand volumes)
19790	**31406**	**1843**	**70057**	**1788**	**821**	**775**
1557	452					
126	26					
177	1547					
748	2483					
436	365	227	7130	256	43	78
133	129	87	2659	60	43	100
109	271	76	2822	51	27	32
85	65	153	4597	653	28	25
137	149	70	2586	44	72	70
167	376	100	3651	78	80	94
270	493	119	4550	100	48	60
481	1089	95	4244	68	59	78
783	1100	77	3185	44	39	36
902	1200	100	4622	53	16	11
1169	1259	103	4043	41	42	20
1471	2787	120	4804	50	78	35
1755	3910	142	5434	75	72	36
2546	4663	167	6869	88	59	39
3124	4844	105	4460	48	51	23
3614	4198	102	4401	79	64	38

12-7 图书出版情况(2005 年)
Classification of Books Published: 2005

单位: 种数 (title)

学科及书类 Field and type	合 计 Subtotal	科学出版社 Science Press	中国科学技术大学出版社 The Press of the University of Science and Technology of China
总 计 Total	**6280**	**6114**	166
一、按学科分 By field			
数学、力学 Mathematics & mechanics	349	327	22
物理 Physics	83	71	12
化学 Chemistry	131	116	15
天文学 Astronomy			
地学 Earth sciences	120	120	
生物学 Biological sciences	811	805	6
技术科学 Technological sciences	1216	1184	32
综合类 Comprehensive	3570	3491	79
二、按书类分 By type			
专著 Monographs	867	853	14
基础理论 Basic theory	624	574	50
论文集 Collected works	131	130	1
应用技术 Applied technology	1856	1827	29
基本资料 Basic information	259	259	
工具书 Reference books	278	278	
科普 Popular science	375	375	
综述评论 Reviews	18	18	
其他 Others	1872	1800	72

12-8 自然科学期刊分类情况(2005 年)

Classification of Periodicals in Natural Sciences: 2005

单位: 种数 (title)

	总 计 Total	学 术 Academic journals	技 术 Technological journals	检 索 Retrieval journals	科 普 Popular science	指 导 Instructional journals
一、期刊总数 Total number of periodicals	320	260	22	7	23	8
二、刊期 Frequency						
周刊 Weekly	2				2	
半月刊 Semimonthly	8	4	1		1	2
月刊 Monthly	87	60	10	1	14	2
一个半月刊 Semiquarterly	1	1				
双月刊 Bimonthly	151	133	8	4	4	2
季刊 Quarterly	69	60	3	2	2	2
半年刊 Semiannually	2	2				
三、学科 Field						
综合 Comprehensive	29	19			3	7
数学 Mathematics	18	16	1	1		
力学 Mechanics	8	7		1		

续表 12-8

	总 计 Total	学 术 Academic journals	技 术 Technological journals	检 索 Retrieval journals	科 普 Popular science	指 导 Instructional journals
物理学 Physics	31	25	3	2	1	
化学 Chemistry	26	25	1			
天文学 Astronomy	9	7	1		1	
地学 Earth sciences	53	49		1	3	
生物学 Biological sciences	52	46		1	5	
农学 Agriculture sciences	6	5	1			
环境科学 Environmental sciences	17	16	1			
技术科学 Technological sciences	62	40	12	1	9	
其他 Others	9	5	2		1	1

注：其中英文版期刊 56 种。

Note: There are 56 journals published in English.

附录：全国主要科技指标

APPENDIX: NATIONAL MAJOR S&T INDEXES

附录 1　国内生产总值及国家财政科技支出

Appendix 1　Gross Domestic Product and Government S&T Expenditure

单位: 亿元　　(100 million yuan)

年 份 Year	国民生产总值 Gross National Product	国内生产总值 Gross Domestic Product	人均国内生产总值 Per Capita GDP (yuan/person)	国家财政总支出 Total Government Budgetary Expenditure	国家财政科技拨款 Appropriation for Science and Technology	科技拨款占财政总支出的比重% of Total Government Budgetary Expenditure
1991	21826.2	21781.6	1893	3386.6	160.69	4.7
1992	26937.3	26923.5	2311	3742.2	189.26	5.1
1993	35260.0	35333.9	2998	4642.3	225.61	4.9
1994	48108.5	48197.9	4044	5792.6	268.25	4.6
1995	59810.5	60793.7	5046	6823.7	302.36	4.4
1996	70142.5	71176.6	5846	7937.6	348.63	4.4
1997	77653.1	78973.0	6420	9233.6	408.86	4.4
1998	83024.3	84402.3	6796	10771.5	438.60	4.3
1999	88189.0	89677.1	7159	13187.7	543.90	4.1
2000	98000.5	99214.6	7858	15886.5	575.60	3.6
2001	108068.2	109655.2	8622	18902.6	703.30	3.7
2002	119095.7	120332.7	9398	22053.2	816.22	3.7
2003	135174.0	135822.8	10542	24650.0	944.60	3.8
2004	159586.7	159878.3	12336	28486.9	1095.30	3.8
2005	183956.1	183084.8	14040	33930.3	1334.91	3.9

附录部分资料来源：《中国统计年鉴》(2006 年)，《中国科技统计年鉴》(2006 年)。

Appendix Source:China Statistical Yearbook 2006; China Statistical Yearbook on Science and Technology 2006.

附录2 全国科技活动人员

Appendix 2 Personnel Engaged in Science and Technology Activities in China

单位：人 (person)

年 份 Year	科技活动人员总数 Total	科学家和工程师 Scientists and Engineers	占科技活动人员总数比重 % of Total	全国经济活动人口(万人) National Economically Active Population (10000 persons)	每万名经济活动人口中科学家和工程师 Scientists and Engineers Per 10000 Economically Active Population	全国人口(万人) National Population (10000 persons)	每万名人口中科学家和工程师 Scientists and Engineers Per 10000 Population
1991	2286411	1320944	57.8	66091	20	115823	11
1992	2270389	1372037	60.4	66782	21	117171	12
1993	2452052	1372012	56.0	67468	20	118517	12
1994	2575869	1538758	59.7	68135	23	119850	13
1995	2624734	1553943	59.2	68855	23	121121	13
1996	2903153	1687844	58.1	69765	24	122389	14
1997	2885690	1667767	57.8	70800	24	123626	13
1998	2814479	1490149	52.9	72087	21	124810	12
1999	2905635	1594623	54.9	72791	22	125909	13
2000	3223519	2045906	63.5	73992	28	126543	16
2001	3141085	2071530	65.9	74432	28	127627	16
2002	3221822	2172019	67.4	75360	29	128453	17
2003	3284005	2254721	68.7	76075	30	129227	17
2004	3481417	2251959	64.7	76823	29	129988	17
2005	3814654	2560567	67.1	77877	33	130756	20

附录3　全国研究与试验发展人员全时当量

Appendix 3　Full-time Equivalent of R&D Personnel in China

单位：万人年　　(10000 person · year)

年份 Year	研究与试验发展人员全时当量 Total (A)	基础研究 Basic Research	应用研究 Applied Research	试验发展 Experimental Development	其中：科学家和工程师 Among Which: Scientists and Engineers (B)	比重 % of Total (B/A)
1991	67.05	6.13	21.46	39.46	47.14	70.31
1992	67.43	5.84	20.90	40.70	47.19	69.98
1993	69.78	6.33	21.49	41.96	48.92	70.11
1994	78.32	7.64	24.20	46.48	55.20	70.49
1995	75.17	6.66	22.79	45.71	52.20	69.44
1996	80.40	6.96	23.65	49.79	54.80	68.16
1997	83.12	7.17	25.27	50.68	58.87	70.82
1998	75.52	7.87	24.97	42.68	48.55	64.29
1999	82.17	7.60	24.15	50.42	53.11	64.63
2000	92.21	7.96	21.96	62.28	69.51	75.38
2001	95.65	7.88	22.60	65.17	74.27	77.65
2002	103.52	8.40	24.73	70.39	81.05	78.31
2003	109.48	8.97	26.03	74.48	86.21	78.74
2004	115.26	11.07	27.86	76.33	92.63	80.36
2005	136.48	11.54	29.71	95.23	111.87	81.97

附录 4　全国研究与试验发展经费支出

Appendix 4　Intramural Expenditure for R&D in China

单位: 亿元 (100 million yuan)

年 份 Year	研究与试验发展经费支出 R&D Expenditure Total	基础研究 Basic Research	比重 % of Total	应用研究 Applied Research	比重 % of Total	试验发展 Experimental Development	比重 % of Total	占国内生产总值比重 % of GDP	按人口平均 R&D 支出(元) Per Capita R&D Expenditure (yuan)
1995	348.69	18.06	5.18	92.02	26.39	238.60	68.43	0.57	29
1996	404.48	20.24	5.00	99.12	24.51	285.12	70.49	0.57	33
1997	509.16	27.44	5.39	132.46	26.02	349.26	68.60	0.64	39
1998	551.12	28.95	5.25	124.62	22.61	397.54	72.13	0.65	44
1999	678.91	33.90	4.99	151.55	22.32	493.46	72.68	0.76	54
2000	895.66	46.73	5.22	151.90	16.96	697.03	77.82	0.90	71
2001	1042.50	55.60	5.33	184.85	17.73	802.03	76.93	0.95	82
2002	1287.6	73.77	5.73	246.68	19.16	967.20	75.12	1.07	100
2003	1539.63	87.65	5.69	311.45	20.23	1140.53	74.08	1.13	119
2004	1966.61	117.18	5.96	400.49	20.36	1448.95	73.68	1.23	151
2005	2449.97	131.21	5.36	433.53	17.70	1885.24	76.95	1.34	187

附录 5　全国专利申请受理量及授权量

Appendix 5　National Total Number of Patents Applications and Authorizations

单位: 件 (item)

年 份 Year	申请量 Applied	发明 Invention	实用新颖 Utility Model	外观设计 Design	授权量 Granted	发明 Invention	实用新颖 Utility Model	外观设计 Design
1996	102735	28517	49604	24614	43780	2976	27171	13633
1997	114208	33666	50129	30413	50992	3494	27338	20160
1998	121989	35960	51397	34632	67889	4733	33902	29254
1999	134239	36694	57492	40053	100156	7637	56368	36151
2000	170682	51747	68815	50120	105345	12683	54743	37919
2001	203573	63204	79722	60647	114251	16296	54359	43596
2002	252631	80232	93139	79260	132399	21473	57484	53442
2003	308487	105318	109115	94054	182226	37154	68906	76166
2004	353807	130133	112825	110849	190238	49360	70623	70255
2005	476264	173327	139566	163371	214003	53305	79349	81349

附录6 全国科技论文发表及被引用情况

Appendix 6 The National Total Number of S&T Papers and Citations

年 份 Year	被国际上收录(篇) Catalogued By Major International Indexes (Article)	SCIE 论文 Catalogued by SCIE (Article)	SCI 论文被引用 Cited Internationally 篇 (Article)	SCI 论文被引用 Cited Internationally 次 (Times)	国内刊物发表(篇) Publications in Domestic Journals (Article)
1996	19598	8200	8826	15800	116239
1997	25007	10033	9952	18434	120851
1998	24038	11456	11549	21511	133341
1999	38924	13357	16583	31744	162779
2000	41895	22608	15733	31354	180848
2001	49817	25889	18358	38827	203229
2002	62592	31572	24154	51766	238833
2003	80563	38092	31168	72131	263117
2004	95632	45351	32536	75234	311737

附录7 全国高新技术产品进出口

Appendix 7 Import and Export of New and High-tech Products in China

单位: 亿美元 (USD 100 million)

年 份 Year	高新技术产品出口额 Exports of High-tech Products	占商品出口额的比重(%) Share in Total Exports	占工业制成品出口额的比重(%) Share in Industrial Manufactured Exports	高新技术产品进口额 Imports of High-tech Products	占商品进口额的比重(%) Share in Total Imports	占工业制成品进口额比重(%) Share in Industrial Manufactured Imports
1996	126.6	8.4	9.8	224.7	16.2	19.8
1997	163.1	8.9	10.3	238.9	16.8	21.0
1998	202.5	11.0	12.4	292.0	20.8	24.9
1999	247.0	12.7	14.1	376.0	22.7	27.1
2000	370.4	14.9	16.6	525.1	23.3	29.4
2001	464.5	17.5	19.4	641.1	26.3	32.4
2002	678.6	20.8	22.8	828.4	28.1	33.7
2003	1103.2	25.2	27.3	1193.0	28.9	35.1
2004	1654.0	27.9	29.9	1613.0	28.7	36.3
2005	2182.0	28.6	30.6	1977.0	30.0	38.6

主要统计指标解释

1. 国民生产总值(GNP)

它指一个国家(或地区)所有常住单位在一定时期内收入初次分配的最终结果。一国常住单位从事生产活动所创造的增加值在初次分配中主要分配给该国的常住单位,但也有一部分以生产税及进口税(扣除生产和进口补贴)、劳动者报酬和财产收入等形式分配给非常住单位；同时，国外生产所创造的增加值也有一部分以生产税及进口税(扣除生产和进口补贴)、劳动者报酬和财产收入等形式分配给该国的常住单位，从而产生了国民生产总值的概念。它等于国内生产总值加上来自国外的净要素收入。与国内生产总值不同，国民生产总值是个收入概念，而国内生产总值是个生产概念。

2. 国内生产总值(GDP)

它指一个国家(或地区)所有常住单位在一定时期内生产活动的最终成果。国内生产总值有三种表现形态，即价值形态、收入形态和产品形态。从价值形态看，它是所有常住单位在一定时期内生产的全部货物和服务价值超过同期中间投入的全部非固定资产货物和服务价值的差额,即所有常住单位的增加值之和；从收入形态看，它是所有常住单位在一定时期内创造并分配给常住单位和非常住单位的初次收入之和；从生产形态看，它是所有常住单位在一定时期内最终使用的货物和服务价值与货物和服务净出口价值之和。在实际核算中，国内生产总值有三种计算方法，即生产法、收入法和支出法。三种方法分别从不同的方面反映国内生产总值及其构成。

3. 研究与试验发展(R&D)

它指在科学技术领域，为增加知识总量、以及运用这些知识去创造新的应用而进行的系统的创造性的活动，包括基础研究、应用研究、试验发展三类活动。

4. 研究与试验发展人员

它指参与研究与试验发展项目研究、管理和辅助工作的人员，包括项目(课题)组人员，企业科技行政管理人员和直接为项目(课题)活动提供服务的辅助人员。

5. 研究与试验发展经费支出

它指当年为进行 R&D 活动而实际用于本机构内的全部支出，应按“全成本核算”的口径进行计量。包括劳务费、其他日常支出、仪器设备购置费、土地使用和建造费等。不包括与外单位合作研究而拨给对方使用的经费。

Explanatory Notes on Key Indicators

1. Gross National Product(GNP)

It refers to final result of the primary distribution of the income created by all the resident units of a country (or a region) during a certain period of time. The value-added created by the resident units of a country engaged in production activities is mainly distributed to the resident units of that country while a part of it is distributed to the non-resident units in the form of production tax and import duties(minus subsidies to production and import), remuneration for the labourers and property income. At the meantime, a part of the value-added createroad is distributed to the resident units of the country in the form of production tax and import duties(ns subsidies to production and import), remuneration for the labourers and property income. Thus the cept of gross national product is formed, which equals to gross domestic product plus net factor ince from abroad. Unlike gross domestic product which is a concept of production, gross national prodts a concept of income.

2. Gross Domestic Product(GDP)

It refers to the final products of all resnt units in a country (or a region) during a certain period of time. Gross domestic product is expressed three different forms, i. e. value, income, and products respectively. The form of value refers to total value of all products and services produced by all resident units during a certain period of te minus total value of intimidate input of materials and services of the nature of non-fixed assets the summstion of the value-added of all resident units;the form of income includes all the income cted by all resident units and distributed primarily to all resident and non-resident units; the form of ducts refers to the value of all final goods and services for final use by all resident units plus the value net exports of goods and services during a given period of time. In the practice of national accounting, ss domestic product is calculated with three approaches, i. e. production approach, income approach anexpenditure approach, which reflect gross domestic product and its composition from different aspects.

3. Research and Development(R&D)

It refers to systematic and creative acvities in the field of science and technology aiming at increasing the knowledge and using the knowdge for new application. R&D includes three categories of activities: basic research, applied research andxperimental development.

4. R&D Personnel

It refer to persons engaged in research, anagement and supporting activities of R&D, including persons in the project teams, persons engagedin the management of S&T activities of enterprises and supporting staff providing direct service to the search projects.

5. R&D expenditure

It refers to all the expenditure for R&D activities within the organization during the year, based on the means of "all cost accouting", including thexpenditure for personal services, daily expenditure, cost for purchasing equipment, expenditure for land use and construction, etc. But it excludes the funds for cooperation allocated to outside collaborators' units.

(N-0268.0101)

ISBN 7-03-018188-3